ULRICH HELBACH | JOACHIM OEPEN

KLEINE ILLUSTRIERTE GESCHICHTE DES ERZBISTUMS KÖLN

J.P. BACHEM VERLAG

Kleine illustrierte Geschichte des Erzbistums Köln
von Ulrich Helbach und Joachim Oepen

Bibliografische Information
der Deutschen Nationalbibliothek
Die Deutsche Nationalbibliothek verzeichnet diese
Publikation in der Deutschen Nationalbibliografie;
detaillierte bibliografische Daten sind im Internet
über http://dnb.ddb.de abrufbar.

1. Auflage 2013
© J.P. Bachem Verlag Köln, 2013
www.bachem.de/verlag

Lektorat und Redaktion: Stefan Wunsch, Köln
Bildredaktion: Ulrich Helbach, Joachim Oepen,
Beate Schwietz und Stefan Wunsch
Reproduktionen: Reprowerkstatt Wargalla, Köln
Gestaltungskonzeption: Hans Schlimbach AGD, Köln
Layout: Georg Bungarten, Köln
Druck: COULEURS Print & More, Köln

ISBN 978-3-7616-2702-0 Buchausgabe
ISBN 978-3-7616-2785-3 EPUB
ISBN 978-3-7616-2784-6 PDF

Überall erhältlich, wo es
elektronische Bücher gibt.
Informationen unter
www.bachem.de/ebooks

Aktuelle Programminformationen
sowie Download-Links zu unseren
Apps finden Sie unter
www.bachem.de/verlag

Wir danken dem Erzbistum Köln, der Pax-Bank,
dem Pax-Versicherungsdienst und der Vereinigung
katholischer Kleriker e.V. für die freundliche Unterstützung bei der Drucklegung dieses Werks.

Nonnen in Köln *beim Trümmer-*
räumen, um 1945

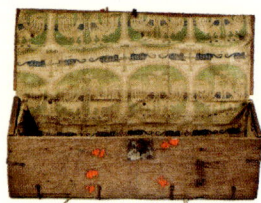

Reliquienlade *(um 948), ausgekleidet mit*
einem Seidentextil (7.–9 Jh.) aus dem
Kölner **Schrein des hl. Severin**

Urkunde des Erzbischofs
Konrad von Hochstaden *für*
das Kloster Benden bei Brühl

Ulrich Helbach

Die **Heilige Familie** *als Ideal,*
auch im Erzbistum Köln,
Andachtsbild, um 1900

LIEBE LESERINNEN UND LESER,

wenn Sie dieses Buch in die Hand nehmen, begegnet Ihnen gleich zweimal der Kölner Dom, und zwar mit einer Außen- und einer Innenansicht. Wohl keine andere Kirche, kein anderes Objekt steht in so enger Verbindung zur Geschichte des Erzbistums Köln. Exakt 1.700 Jahre sind es, über die sich im Jahr des Erscheinens dieses Buches die Kölner Bistumsgeschichte erstreckt. Sie beginnt mit der Erwähnung des hl. Maternus als Bischof von Köln im Jahre 313 n. Chr. Neben den Bischöfen zählen zur Kölner Kirche vor allem viele Generationen von Gläubigen, für die Christus ein wichtiger Bezugspunkt in ihrem Leben war und ist. Alle diese Menschen waren, ebenso wie ihr Bischof, zugleich aber auch Mitglieder etwa eines Stammes, eines politischen Verbandes, eines Landes oder Staates, zu dem immer mehr oder weniger zahlreich Christen anderer Bekenntnisse und Menschen anderen Glaubens gehörten. Dadurch bestanden zu allen Lebensbereichen vielfältige Verflechtungen, von denen dieses Buch berichtet. Dabei wird deutlich, wie die Kirche, trotz aller Höhen und teils existenzbedrohender Tiefen, trotz allen Versagens auch von Amtsträgern im Kern der christlichen Botschaft treu geblieben ist und wie der christliche Glauben seine Lebendigkeit bewahrte. Oft schon wurde es unternommen, die Kölner Bistumsgeschichte zu schildern. Dabei ragt die fünfbändige, mehr als 3.800 Seiten umfassende wissenschaftlich fundierte »Geschichte des Erzbistums Köln« heraus, deren Bände von 1964 bis 2008 erschienen und die bis heute ein Standardwerk ist. In den Jahren von 1994 bis 1998 entstanden fünf schlanke, reich bebilderte Hefte »Das Erzbistum Köln«. Sie waren nicht im Buchhandel erhältlich, fanden daher nur sehr geringe Verbreitung und sind zudem vergriffen. Wer nach einer kompakten, leicht lesbaren Darstellung der Bistumsgeschichte suchte, war auf Kurzabrisse in Sammelwerken oder im Internet angewiesen.

So sahen die Autoren den Auftrag des Bachem Verlags, diese »Kleine illustrierte Geschichte des Erzbistums Köln« zu verfassen und zu bebildern, als reizvolle Herausforderung. Selbstverständlich waren die historischen Sachverhalte wissenschaftlich fundiert und auf dem neuesten Erkenntnisstand zu beschreiben, welcher insbesondere für die Spätantike und das Frühmittealter stets spürbar in Bewegung ist. Zugleich sollte die Kölner Bistumsgeschichte für alle interessierten Leser im Erzbistum und darüber hinaus eingängig gemacht werden – egal, ob es sich um Katholiken, Christen anderer Konfessionen oder Menschen anderer Glaubens- und Weltsicht handelt. Dazu gehören eine verständliche Sprache ebenso wie eine abwechslungsreiche Bebilderung, was durchaus auch Interesse wecken soll an der Beschäftigung mit Geschichte insgesamt. Der vorliegende Band wäre nicht zu realisieren gewesen ohne vielfältige Unterstützung. Genannt seien an erster Stelle der J. P. Bachem Verlag und der Lektor Stefan Wunsch, der den größten praktischen Anteil an diesem Buch hat. Zahlreiche Arbeiten an dem Bildmaterial übernahm Beate Schwietz. Eine Reihe von Personen und Institutionen war mit Hinweisen und großzügiger Bereitstellung von Bildmaterial beteiligt, die ebenso wenig einzeln genannt werden können wie das gute halbe Dutzend Testleserinnen und -leser. Sie haben das Manuskript oder größere Teile davon in der noch unattraktiven Rohform gelesen. Ohne die großzügige finanzielle Unterstützung des Erzbistums Köln, der Pax-Bank, des Pax-Versicherungsdienstes und der Vereinigung katholischer Kleriker e.V. wäre es nicht möglich gewesen, diese Publikation zu einem erschwinglichen Preis anzubieten. Ihnen allen danken die Autoren von Herzen.
Die Kapitel 1–10 stammen aus der Feder von Joachim Oepen; die Kapitel 11–18 verfasste Ulrich Helbach.

Köln, im Juni 2013   **DR. ULRICH HELBACH**   **DR. JOACHIM OEPEN**

Festhalle *(für 11.000 Menschen) für* *den* Katholikentag 1908 *in Düsseldorf* *(Architekt: J. Kleesattel)*

DIE ANFÄNGE
DER KÖLNER KIRCHE

4.–6. JAHRHUNDERT

Die Kirche erstreckt sich über das ganze Weltall bis an die äußersten Grenzen der Erde. ... Die in Germanien gegründeten Kirchen glauben und überliefern nicht anders als die in Spanien oder bei den Kelten, die im Orient oder in Ägypten, die in Libyen oder in der Mitte der Welt. Diese eindrucksvollen Worte aus der Zeit um 180 n. Chr. sind das älteste Zeugnis von der Existenz des Christentums im Rheinland.

IRENAEUS VON LYON

Sie stammen von dem Kirchenvater Irenaeus, bekannt als Theologe, Heiliger und Bischof von Lyon. Wird hier von christlichen Gemeinden berichtet, die gar schon unter der Leitung von Bischöfen standen? Oder handelt es sich lediglich um eine recht allgemeine Beschreibung des gesamten Erdkreises bis an die Grenzen der Oikumene, der bewohnten Welt, woraus keineswegs sichere Schlüsse auf die Situation oder gar die Organisation des Christentums im Rheinland abzuleiten sind? Das Wort »Germanien« steht im griechischen Originaltext im Plural und bezeichnet daher wohl die beiden römischen Provinzen Nieder- und Obergermanien. Am Hauptort der benachbarten Provinz Gallia Lugdunensis, in Lyon, lag der Bischofssitz von Irenaeus, und so bestanden, etwa durch Handel, vielfältige Beziehungen. Irenaeus war gewiss recht gut informiert. So könnten denn mit den *in Germanien gegründeten Kirchen* bereits Bischofskirchen an den Hauptorten der beiden Provinzen, in Köln und Mainz, gemeint sein. Doch steht dieses frühe Zeugnis recht isoliert da; entsprechende inschriftliche oder archäologische Quellen fehlen.

....

Darstellung der Heiligen **Petrus und Maternus** *im Petrus- und Maternusfenster im Kölner Dom, unten das Kölner Erzbistumswappen, um 1330/40*

KÖLNS ERSTER BISCHOF: DER HL. MATERNUS

Gesicherten Boden betreten wir hingegen mit dem Jahr 313. Als erster Kölner Bischof wird Maternus namentlich erwähnt, und zwar als Richter bei einer Synode in Rom. Eine zweite Erwähnung schließt sich gleich für 314 an; Maternus war Teilnehmer einer Versammlung in Arles und unterzeichnete zusammen mit dem Kölner Diakon Macrinus die dort gefassten Beschlüsse. Für die frühe Geschichte des Erzbistums Köln sind diese beiden Erwähnungen angesichts der insgesamt dünnen Quellenlage von großer Bedeutung, da es um mehr geht als die bloße Nennung eines Bischofs. Wo ein Bischof, da auch eine Kirche – näherhin eine verfasste und organisierte Christengemeinde: Aufgrund dieser banalen Tatsache gibt es nunmehr an der Existenz des Bistums Köln keinerlei Zweifel mehr. Damit ist Köln nach Trier das am frühesten nachweisbare Bistum Deutschlands und kann 2013 auf eine 1.700-jährige Tradition zurückblicken.

Beide Synoden in Rom und Arles hatte der römische Kaiser Konstantin einberufen. Daran wird erkennbar, wie eng die Verknüpfung der noch jungen christlichen Kirche mit dem Römischen Reich war. Wenn der Kölner Bischof zudem als Richter bestellt und zu zwei wichtigen Kirchenversammlungen geladen war, dürfte er in der Gesamtkirche

Christliche Grabinschrift *für das Mädchen »Concordia« aus dem Gräberfeld bei St. Severin in Köln, 5./6., eventuell 4. Jh.*

ein gewisses Ansehen besessen haben, das jedenfalls über die germanischen Provinzen hinausreichte. Womöglich war Maternus mit Kaiser Konstantin persönlich bekannt, der sich auch in Köln aufgehalten hatte. Ob es sich bei Maternus um einen »Missionsbischof« am Niederrhein (S. Ristow) und damit den ersten bischöflichen Amtsträger Kölns überhaupt handelt oder lediglich um den ersten bekannten Bischof einer bereits seit längerer Zeit bestehenden Christengemeinde, darüber besteht wie bei dem Irenaeus-Zitat keine Einigkeit. So oder so gilt aber: Gleich der erste sichere Nachweis des Bistums und des Bischofs von Köln bezeugt eine Bedeutung des Oberhirten, die weit über Köln und das Rheinland hinausgeht.

Weitere zuverlässige Informationen über Leben, Wirken und Tod von Maternus fehlen. Gemäß teils legendenhafter Überlieferung soll er zunächst Bischof von Trier

Die Konstantinische Wende

Die Ersterwähnung eines Kölner Bischofs im Jahre 313 hängt eng mit der »Konstantinischen Wende« zusammen. Ursprünglich standen die Christen im Römischen Reich am Rande der Gesellschaft, wurden benachteiligt und bisweilen gar verfolgt. Blutige Christenverfolgungen sind im Rheinland allerdings nicht nachweisbar. Die Lage der Christen änderte sich zu Beginn des 4. Jahrhunderts. Nachdem schon Galerius, einer der vier gleichzeitig herrschenden römischen Kaiser, 311 ein Toleranzedikt erlassen hatte, sicherten auch die beiden Kaiser Konstantin und Licinius 313 in Mailand den Christen Religionsfreiheit zu. Nicht nur am Rhein hatte dies für die christlichen Gemeinden einen Entwicklungsschub zur Folge. Obwohl selbst kein Christ, förderte Konstantin (306–337) aktiv die neue Religion, nachdem er vor der Schlacht an der Milvischen Brücke bei Rom 312 den Beistand des Christengottes angerufen hatte. Damit entstand aber auch eine enge Verbindung zwischen christlicher Kirche und weltlicher Macht, welche für viele Jahrhunderte die Geschichte nicht nur des Erzbistums Köln prägte. Noch im 4. Jahrhundert wurde das Christentum zur Staatsreligion im Römischen Reich.

gewesen sein, bevor er nach Köln kam. Das wird von der Forschung aber weitgehend verworfen. Ebenso hat die Überlieferung von der Gründung des belgischen Bistums Tongeren durch Maternus wohl wenig mit der Realität zu tun. Ein ausgeprägter Kult des ersten namentlich genannten Bischofs ist im Kölner Bistum merkwürdigerweise nie entstanden, ja man schien ihn zeitweise fast vergessen zu haben. Weder eine Grabstätte ist bekannt noch vor dem Hochmittelalter eine Verehrung als Heiliger greifbar. Nur zwei Kirchen im Erzbistum tragen heute noch den Namen des hl. Maternus: die in der Kölner Südstadt und in Köln-Rodenkirchen.

DIE ERSTEN CHRISTEN AM RHEIN

Wie aber im 4. Jahrhundert die Organisation der Kölner Kirche ausgesehen hat, ist nicht bekannt. Außer Maternus und dem Diakon Macrinus kennen wir auch keine konkreten Namen. Wie groß war die christliche Gemeinde Kölns? Aus den Erwähnungen von Maternus ist zu schließen, dass sie von »sicherlich nicht unbedeutender Stärke« (S. Ristow) war. Wer waren die ersten Christen am Rhein? Wo versammelten sie sich? Für das Jahr 355 berichtet Ammianus Marcellinus, ein nichtchristlicher Schriftsteller, eher nebenbei von einem *conventiculum ritus christiani* (»Versammlungsraum des christlichen Kultus«) in Köln – immerhin das erste erwähnte Gotteshaus im Bistum. Wo sich aber dieses *conventiculum* befand, wie groß es war, wie

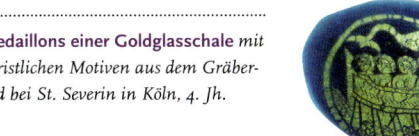

Medaillons einer Goldglasschale *mit christlichen Motiven aus dem Gräberfeld bei St. Severin in Köln, 4. Jh.*

Silberlöffel mit der Inschrift **»DEO GRATIAS«** *aus Müngersdorf, Ende 4. Jh.*

es aussah, alles das wiederum ist unbekannt. Auch ein archäologischer Nachweis ist nicht zu führen. So müssen alle diese Fragen letztlich offenbleiben, denn wir kennen immer nur einzelne Erwähnungen in Form von Inschriften, archäologischen Zeugnissen oder Nachrichten wie zu den beiden Synoden in Rom und Arles. Das alles reicht nicht aus, um ein auch nur einigermaßen konturenreiches Bild von der frühen Kölner Kirche zu bekommen.

VON DER ANTIKE ZUM MITTELALTER: UNTERGANG EINER KULTUR?

In der Kölner Bischofsliste folgen auf Maternus mit Euphrates und Severin zwei weitere Namen, doch dann weist die Liste für mehr als ein Jahrhundert eine beträchtliche Lücke auf; für das 5. Jahrhundert ist kein Name eines Kölner Bischofs überliefert. Auch bei den Inschriften, archäologischen und schriftlichen Quellen gehen die christlichen

Vergoldete Zwiebelknopffibel *aus einem Bonner Männergrab, Ende 4. Jh.*

Zeugnisse deutlich zurück. Gleichzeitig wird das Ende des Römischen Reiches am Rhein eingeläutet. Schon im 4. Jahrhundert kam es immer wieder zu kriegerischen Einfällen der Franken, eines germanischen Stammes, ins römische Gebiet. Im Laufe der ersten Hälfte des 5. Jahrhunderts wurde die planmäßige Verteidigung der Reichsgrenze am Rhein aufgegeben. Die ripuarischen Franken siedelten im Linksrheinischen, wo sie die verbliebenen Romanen beherrschten. Köln konnte zunächst noch gehalten werden, aber auch hier endete um die Mitte des 5.Jahrhunderts die römische Herrschaft – noch vor der Absetzung des letzten Kaisers Romulus Augustulus (476), welche die formelle Auflösung des weströmischen Reiches markiert. Für das Rheinland begann nun die Zeit der Frankenherrschaft. König Chlodwig († 511) aus der Familie der Merowinger gelang es, fränkische Teilkönige und andere germanische Stämme zu unterwerfen und so das Frankenreich zu begründen. Es umfasste große Teile des heutigen Frankreichs, der Beneluxstaaten und des westlichen Deutschlands, bald auch jenseits des Rheins.

Damit ist für die Herrschaftsstrukturen der Übergang von der Antike zum Mittelalter beschrieben. War aber mit dem Untergang des Römischen Reiches auch ein Niedergang römischer Kultur und Lebensformen verbunden? Oder wurde nicht vielmehr ein großer Teil antiken Kulturgutes ins Mittelalter tradiert? Bei diesen Fragen geht es im Kern auch um die Grundlagen unseres kulturellen Lebens. Im Einzelnen sind die Antworten strittig. Insgesamt neigt aber die Forschung mehr zur Betonung der Kontinuität.

Das Schicksal der christlichen Kirche am Rhein stellt eine Facette im Gesamtbild dar. Die fränkischen Eroberer waren mehrheitlich zunächst keine Christen; angesichts der engen, auch organisatorischen Verknüpfung der Kirche mit dem Römischen Reich waren gewiss auch die kirchlichen Strukturen und der christliche Glaube empfindlich von den epochalen Umwälzungen betroffen. Der Abbruch der Bischofsliste und das weitgehende Fehlen anderer Quellen vor allem für das 5. Jahrhundert scheinen eine deutliche Sprache zu sprechen. Ist mit dem Römerreich auch die christliche Kultur der Spätantike untergegangen? Gab es nur noch Reste kirchlichen Lebens, getragen von der verbliebenen romanischen Bevölkerung? Bedeutet gar der Abbruch in der Bischofsliste einen zwischenzeitlichen Untergang des noch jungen Bistums Köln und entsprechender kirchlicher Strukturen? Oder konnte die christliche Kirche im Rheinland an ihren Grundlagen festhalten und langfristig auf ihnen aufbauen, trotz mancher Rückschläge?

Unstrittig ist, dass es im Laufe des 6. Jahrhunderts zu einem neuen Aufschwung christlichen Lebens und zur Wiederbelebung kirchlicher Strukturen kam; ja, angesichts von Baubefunden, Gräber- und Inschriftenfunden sowie Schriftquellen darf man jetzt auch von einer umfassenden, flächendeckenden Christianisierung sprechen, die bald auch ländliche Gebiete erreichte. So kann mit Carentius auch die Kölner Bischofsliste wieder fortgesetzt werden. Sie ist ab dem ausgehenden 6. Jahrhundert mit Evergislus zunehmend dichter und ab dem 8. Jahrhundert dann lückenlos belegt. Den Auftakt zu diesen sich erst nach und nach vollziehenden Entwicklungen bildete zweifellos die Taufe von König Chlodwig, die er in den Jahren nach der siegreichen Schlacht bei Zülpich (496) gegen die Alemannen empfangen hatte. Auch Vertreter der fränkischen Oberschicht traten daraufhin zunehmend zum Christentum über.

....

Stele von Ulrich Rückriem (1999), die in der Wollersheimer Heide die Gegend markiert, wo die **Schlacht bei Zülpich** *stattgefunden haben soll.*

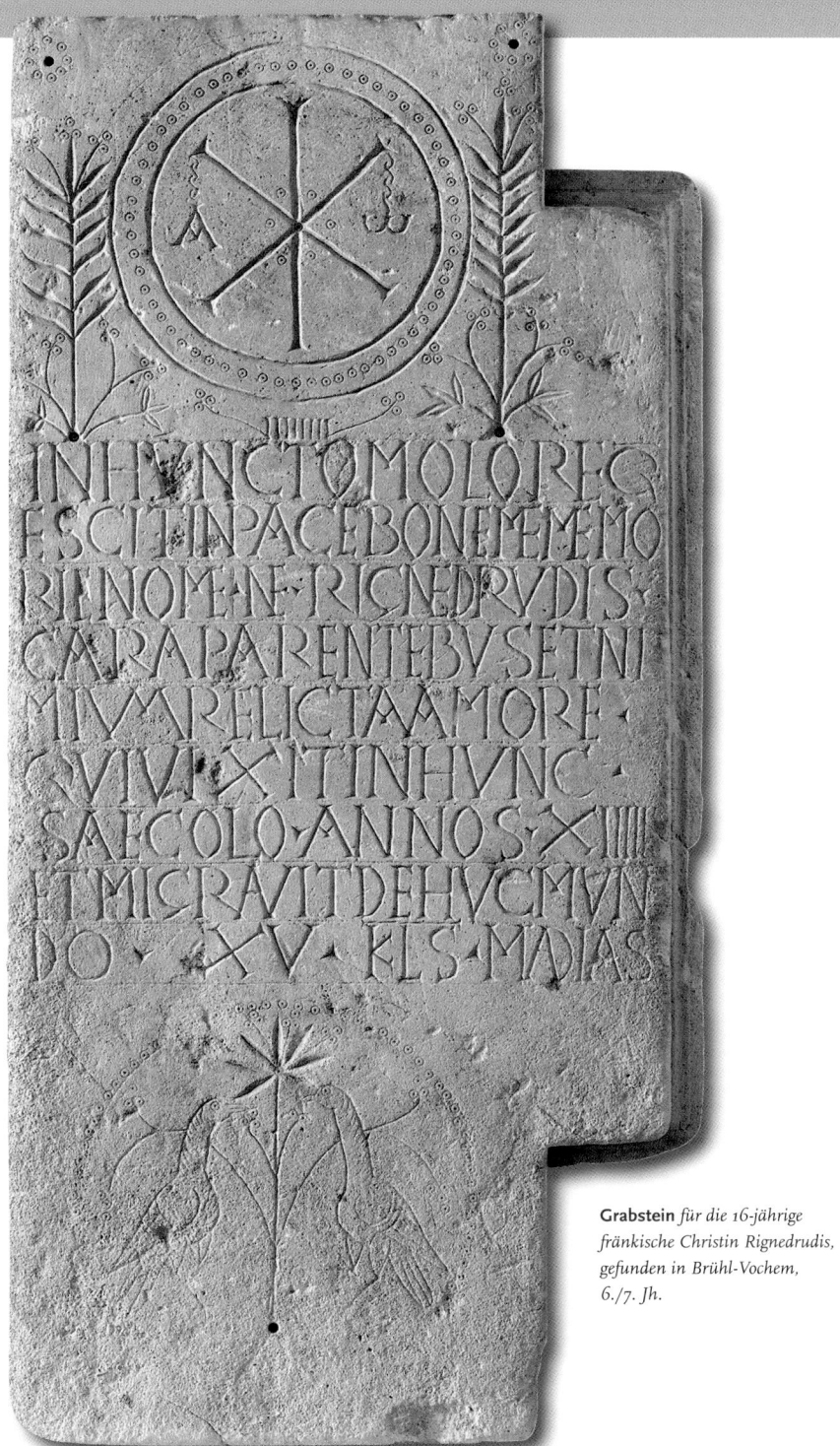

Grabstein *für die 16-jährige fränkische Christin Rignedrudis, gefunden in Brühl-Vochem, 6./7. Jh.*

Die Kölner Bischofsliste

Bereits im 9. Jahrhundert begann man nicht nur in Köln mit der systematischen Sammlung von Quellen zu den früheren Bischöfen, um so möglichst weit zurückführende Bischofslisten zu erstellen. Solche *catalogi episcoporum* (Bischofskataloge) sollten Alter und damit Bedeutung sowie Würde des jeweiligen Bischofssitzes dokumentieren. Für das Erzbistum Köln verkörpert die bis heute auf 94 Namen angewachsene Liste der Bischöfe und Erzbischöfe eine Kontinuität über die Jahrhunderte hinweg – und das unabhängig von den konkreten Personen und Persönlichkeiten oder davon, ob es sich um gute oder schlechte Bischöfe handelte. Dies gilt auch in einem spirituellen Sinn: »Bischöfe kommen und gehen, die Kirche bleibt, weil der Herr alle Tage bei ihr ist, bis zur Vollendung der Welt«, so hat es Kardinal Joachim Meisner, selbst Kölner Erzbischof, einmal ausgedrückt. Kaum eine andere Institution kann trotz aller Wandlungen auf eine so ungebrochene Kontinuität zurückblicken, wie sie in der Kölner Bischofsliste zum Ausdruck kommt. Welches deutsche Staatsoberhaupt würde sich etwa in der Nachfolge von deutschen Kaisern wie Otto dem Großen oder Friedrich Barbarossa sehen wollen?

Kölner Bischofsliste (10. Jh.) in einem Kodex des Klosters Werden. Die Liste beginnt in der zweiten Spalte; an deren Ende und in der dritten Spalte setzen andere Schreiberhände sie bis zu Erzbischof Maximilian Franz (†1801) fort. In der dritten Spalte sind die zeitgleich amtierenden Könige und Kaiser notiert.

Für die große Lücke von mehr als einem Jahrhundert in der Kölner Bischofsliste, die auf den ersten Blick den Abbruch kirchlicher Strukturen zu stützen scheint, stellt der Kölner Althistoriker Werner Eck eine interessante Überlegung an: In den im Mittelalter zusammengestellten Bischofskatalogen folgt auf Severin als nächster Bischof Evergislus, sodass sich demnach eine Lücke von nahezu 200 Jahren auftut. Tatsächlich ist in diese Lücke aber Bischof Carentius zu setzen, der in einem um 565/567 entstandenen Gedicht von Venantius Fortunatus, Bischof von Poitiers in Westfrankreich, erwähnt und hoch gelobt wird als Zierde des Glaubens und wegen seiner Taten im Bischofsamt. Daraus ergibt sich, dass die erst im Mittelalter in Köln entstandenen Bischofskataloge für das 5./6. Jahrhundert unzuverlässig sind, wohl weil entsprechende lokale Quellen nicht oder nicht mehr vorhanden waren. Überregionale Zeugnisse

*Elfenbeinpyxis mit Darstellung von **Daniel in der Löwengrube**, 6. Jh.; eventuell aus dem Mittelmeerraum ins Rheinland importiert*

wie das Gedicht des Venantius Fortunatus kannte man offenbar nicht. Damit scheiden aber die mittelalterlichen Bischofskataloge als eindeutiger Beweis für eine Unterbrechung der Bischofsreihe im 5. Jahrhundert aus, da sie unvollständig sind und ihnen eine gewisse Zufälligkeit der Quellenüberlieferung anhaftet. Es muss vielmehr damit gerechnet werden, dass auch in der vermeintlichen zeitlichen Lücke weitere Bischöfe amtierten, deren Namen wir lediglich nicht kennen.

Es ist bezeichnend genug, dass vor allem für das 5. Jahrhundert kaum Aufzeichnungen vorliegen. Wie das Beispiel der Bischofsliste zeigt, bedarf es aber einer differenzierten Betrachtung der wenigen Quellen. Selbst dann sind jedoch mit Mitteln archäologischer Untersuchung und historischer Forschung keine eindeutigen Antworten möglich. Die meisten Wissenschaftler gehen davon aus, dass in der unruhigen Umbruchzeit von der Antike zum Mittelalter das Christentum am Rhein ebenso weiterlebte wie die kirchlichen Organisationsstrukturen. Gewiss waren dabei erhebliche Einbrüche zu verzeichnen und womöglich war sogar der Kölner Bischofsstuhl nicht durchgängig besetzt, im Ganzen aber verkörperte das Christentum ein Element der Kontinuität ins Mittelalter hinein.

FRÜHE CHRISTLICHE BAUTEN

DIE FRÜHEN VERSAMMLUNGSSTÄTTEN DER CHRISTEN

Können heute noch bestehende Kirchen in Köln, Xanten, Bonn und anderswo auf eine bauliche Kontinuität bis in die Frühzeit des Christentums am Rhein zurückblicken? Diese Frage hat schon vor dem Beginn wissenschaftlicher archäologischer Ausgrabungen im 19./20. Jahrhundert nicht nur die Fachleute, sondern eine breitere Öffentlichkeit beschäftigt und fasziniert – verständlicherweise, scheinen frühe christliche Funde doch ein fortwährendes christliches Leben und Glauben an einer Stelle über viele Jahrhunderte und Umbrüche hinweg zu dokumentieren.

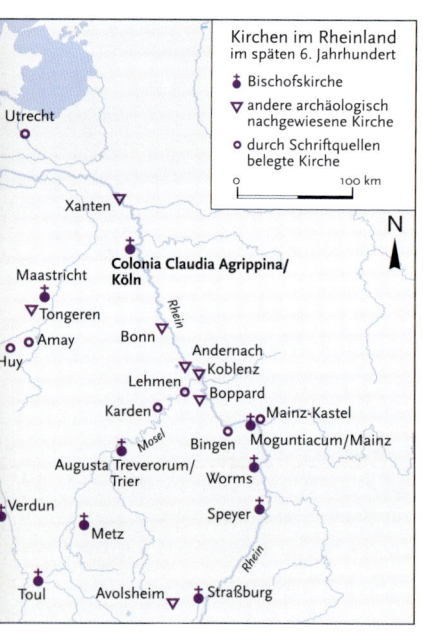

Kirchen im Rheinland
im späten 6. Jahrhundert

♦ Bischofskirche
▽ andere archäologisch
  nachgewiesene Kirche
○ durch Schriftquellen
  belegte Kirche

0 ————— 100 km

N

Utrecht ○

Xanten ▽

Maastricht ♦   Colonia Claudia Agrippina/
                Köln ♦

▽Tongeren

○ ○Amay   Bonn ♦
Huy   Andernach
            Lehmen ▽○Koblenz
        Karden ○   ○ Boppard
                        ♦○Mainz-Kastel
        Bingen ○ Moguntiacum/Mainz ♦
Augusta Treverorum/
    Trier ♦   Worms ♦

♦Verdun   Speyer ♦

  Metz ♦

Toul ♦   Avolsheim ▽ ♦ Straßburg

Wie aber ist die Befundlage tatsächlich? Verkürzt gesagt, belegen die entsprechenden Ausgrabungen für das 4. und 5. Jahrhundert in keinem Fall eine eindeutig christliche Nutzung eines Gebäudes. Das kann in manchen Fällen schlichtweg damit zusammenhängen, dass sich die Aktivitäten der Christen nicht in jedem Fall im Baubefund niederschlugen, solange noch keine spezifischen Kirchenanlagen existierten. Insbesondere sogenannte Hauskirchen, ursprünglich profane, dann aber für den christlichen Kult genutzte Häuser, lassen sich kaum archäologisch nachweisen. Ob es sich im Einzelnen um christliche Bauten handelt und wie sie genau zu datieren sind, darüber streiten sich die Wissenschaftler bis heute. Erst für das 6. Jahrhundert bessert sich die Befundlage schlagartig: Nunmehr sind frühe Kirchenanlagen in Köln, Xanten und Bonn klar nachweisbar. Dass dies mit dem Aufschwung christlichen Lebens in dieser Zeit zusammenhängt, liegt auf der Hand.

Piscina (Wasserbecken) des
Kölner Baptisteriums

Der Blick auf die Karte ist, auch über den Bereich des nördlichen Rheinlandes hinausgehend, aufschlussreich: Christliche Sakralbauten sind lediglich im römischen Kulturland links des Rheins nachgewiesen und auch dort fast nur in städtischen Siedlungen. Auf dem flachen Land hatte das Christentum kaum Fuß gefasst; es war vor allem eine städtische Angelegenheit. Das rechtsrheinische Gebiet fällt ganz zurück, auch im Bereich des späteren Erzbistums Köln. Da dieser Befund durch schriftliche Quellen nur spärliche Bereicherung erfährt, ist es auch für das 6. Jahrhundert kaum möglich, etwa einen Bistumssprengel zu umreißen oder gar Aussagen zur Organisation der Kölner Kirche zu machen. Hier sind wir auf Rückschlüsse aus den Verhältnissen späterer Jahrhunderte angewiesen.

FRÜHE SAKRALBAUTEN IN KÖLN ...

Welches nun der älteste christliche Sakralbau im Bereich des Erzbistums ist, lässt sich kaum exakt festlegen. Unbestritten aber ist das Baptisterium (Taufkirche) in unmittelbarer Nähe des Kölner Domes nicht nur eines der ältesten, sondern auch eines der bedeutendsten Bauwerke. Bisweilen sogar noch ins 5. Jahrhundert datiert, dürfte es doch eher dem 6. Jahrhundert angehören. Der Bau selbst verdeutlicht seine Funktion: Der achteckige Zentralraum weist ein großes Taufbecken auf, in welches die Täuflinge über Stufen hinabsteigen konnten. Solche gesonderten Taufkirchen waren in den ersten Jahrhunderten des Christentums gängige Einrichtungen; kein Ungetaufter sollte den eigentlichen Kirchenraum betreten. Das Kölner Baptisterium ist der älteste Taufort in Stadt und Erzbistum Köln und ein wichtiges frühes Zeugnis für das Christentum sowie die Spendung des Taufsakramentes im Rheinland – übrigens für die Christen aller Konfessionen.

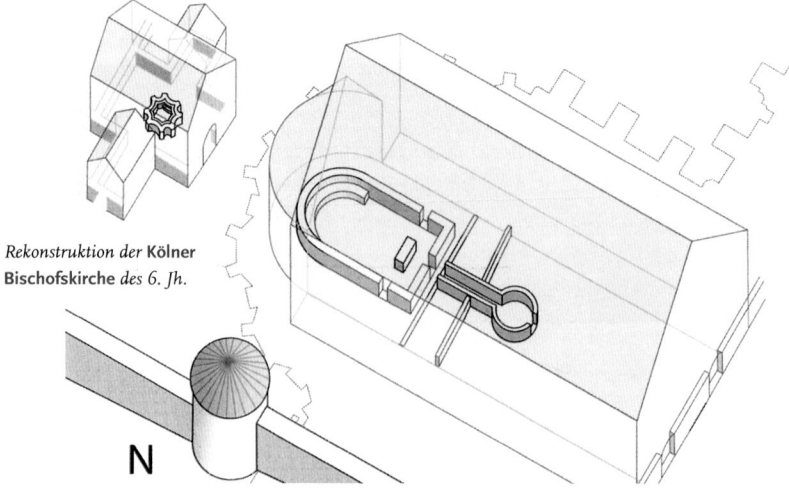

Rekonstruktion der **Kölner** **Bischofskirche** *des 6. Jh.*

N

Gleich neben dem Baptisterium befindet sich der heutige Kölner Dom, wo die seit 1946 erfolgten Ausgrabungen auf reichhaltige Funde und Befunde von Vorgänger-bauten gestoßen sind, die allerdings zu einer oft verwirrenden Vielfalt von Interpreta-tionen und Hypothesen führten. Nach einer jüngst vorgenommenen umfassenden Untersuchung der Grabungsergebnisse ist ein spätantiker christlicher Versammlungs-raum im Bereich des Doms nicht nachweisbar. Hingegen kann eine erste Kirchenan-lage des 5. oder frühen 6. Jahrhunderts nach Lage, Aussehen und Größe schon recht gut rekonstruiert werden. Die Verbindung mit dem Baptisterium legt nahe, dass es sich hierbei um die Bischofskirche als Vorgängerin des heutigen Doms handelte.

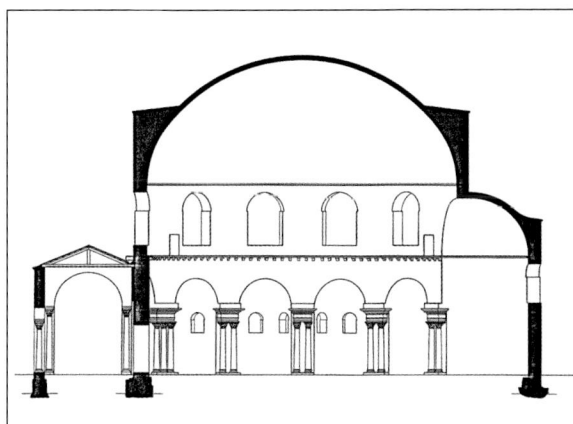 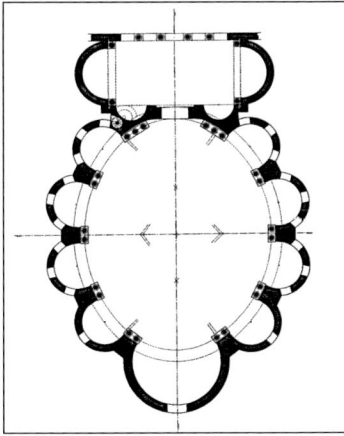

Rekonstruktion des Ursprungsbaus von **St. Gereon**, *Schnitt (links) und Grundriss (rechts)*

Die Kölner Kirchen St. Gereon und St. Ursula wurden auf römischen Gräber-feldern vor der Stadt errichtet. Überhaupt sind viele der frühmittelalterlichen Kirchen aus spätantiken oder fränkischen, aber nicht zwangsläufig christlichen Grabbauten entstanden, die offenbar ab dem 6. Jahrhundert einen Funktionswandel erfuhren; man begann sie als Kirche zu nutzen. Der im Kern bis heute im aufgehenden Mauerwerk teilweise erhaltene, monumentale ovale Zentralbau von St. Gereon entstand nach 347. Anfangs diente das Gebäude wohl dem Totengedenken einer oder mehrerer hochrangiger Personen, vielleicht aus der römischen Kaiserfamilie, oder als Begräb-nisstätte – ob als christliche, ist vollkommen unklar. Auf eine verschwenderisch prachtvolle Innenausstattung des außergewöhnlichen Gebäudes lassen die bei Aus-grabungen gefundenen Marmorreste und goldfarbenen Mosaiksteinchen schließen.

Inneres des **Dekagons von St. Gereon.**
Insbesondere die Konchen weisen noch
antike Bausubstanz auf.

Sie erklären, warum der Bau um 590, jetzt sicher eine Kirche, den Namen *ad sanctos aureos* (zu den goldenen Heiligen) trug. Damit dürften die hier verehrten Märtyrer der Thebäischen Legion gemeint sein. Entsprechende Gräber ließen sich bei Ausgrabungen allerdings nicht nachweisen. Für St. Ursula ist die sogenannte Clematius-Inschrift ein Schlüsseldokument, denn dort ist von einer *basilica* die Rede, die ein sonst nicht weiter bekannter Clematius wiederherstellte. Da die Datierung der Inschrift strittig ist, lässt sich kaum eine Verbindung zu einem ersten Saalbau des 4./5. Jahrhunderts aufzeigen. Erst ein Gebäude des 6. Jahrhunderts ist klar als Kirche erkennbar.

Clematius-Inschrift *im Chor*
von St. Ursula

Krypta des Xantener Doms *mit frühmittelalterlicher Grabkammer*

... IN XANTEN ...

In Xanten bildet ein römisches Gräberfeld den Ausgangspunkt des Dombaus und der heutigen städtischen Siedlung. 1934 wurde ein Doppelgrab aus der zweiten Hälfte des 4. Jahrhunderts entdeckt, in dem zwei gewaltsam getötete Männer begraben waren. Dieses Grab sahen die Ausgräber als das von Märtyrern an, den darüber errichteten Memorialbau als Keimzelle des heutigen Doms. Tatsächlich wird man darin jedoch keine frühchristlichen Hintergründe sehen dürfen. Erst im 6. Jahrhundert wurde das Gräberfeld Ausgangspunkt einer Legendenbildung, die Xanten dann auch mit der Person des hl. Viktor verknüpfte. Es entstand eine steinerne Verehrungsstätte. Dabei ist strittig, ob erst in dieser oder schon im ersten Memorialbau des 4. Jahrhunderts der Ursprung für die spätere Kirchenanlage gesehen werden kann. Wie weitere Gräber belegen, wollte man im 6. und 7. Jahrhundert dann *ad sanctos* (bei den Heiligen) bestattet werden. Daraus entstand der vor 863 erstmals belegte Ortsname Xanten. Nach dem Zweiten Weltkrieg hat man im Übrigen die Unklarheiten der frühen Überlieferung berücksichtigt, aber die Tradition eines jahrhundertealten Gedenkens an Christen, die standhaft für ihre Glaubensüberlieferung eingetreten sind, aufgegriffen: Die Krypta des Domes wurde zu einem Ort des Gedenkens an Märtyrer der NS-Zeit, wo sich unter anderem Urnen mit Asche aus Auschwitz und anderen Konzentrationslagern befinden.

St. Severin in Köln und Bischof Severin

Entlang der südlichen Ausfallstraße aus dem römischen Köln, der heutigen Severinstraße und Bonner Straße, erstreckte sich ein ausgedehntes Gräberfeld. Dort errichtete man im 4. Jahrhundert einen einfachen Rechtecksaal mit Apsis, der zum Ursprungsbau von St. Severin wurde. Bis heute ist er Maß und Mitte der Severinskirche, die in vielen Bauphasen aus dem ersten Gebäude heraus entstand. Wie andernorts ist eine explizit christliche Nutzung erst für eine Bauphase des 6. Jahrhunderts nachweisbar.

In St. Severin sind neben den architektonischen Resten jedoch wichtige Zeugnisse früher Heiligenverehrung vorhanden: Im Hochchor der Kirche befindet sich der Schrein mit den Gebeinen des hl. Severin, des dritten namentlich bekannten Kölner Bischofs. Nach einem im 6. Jahrhundert entstandenen, recht legendenhaften Bericht hatte Severin eine Vision von der Himmelfahrt des bis heute populären hl. Martin, Bischof von Tours in Westfrankreich. Severin war also Zeitgenosse und womöglich Schüler Martins. Da Martin 397 starb, wird die Lebens- und Amtszeit Severins mit »um 400« angegeben. Als vor einigen Jahren der Severinusschrein geöffnet und untersucht wurde, fanden die

Severinusscheibe (11. Jh.) mit der ältesten Darstellung des hl. Severin

Wissenschaftler heraus, dass es sich bei den Gebeinen im Schrein um einen etwa 1,60 Meter großen Mann handelt, der gemäß einer Analyse des Knochenmaterials seine Kindheit im linksrheinischen Kölner Umfeld oder im südlichen Bayern, also in der romanisierten Welt, verbracht hat. Bei einem Sterbealter von etwa 55 Jahren ergibt sich als jüngstes mögliches Sterbejahr etwa 410 n. Chr. Auf eine sozial hochrangige Bestattung lassen eine mögliche Einbalsamierung sowie ein nur wenige Quadratzentimeter großes Fragment eines wertvollen antiken Damastes des 3. oder 4. Jahrhunderts schließen, das wohl bei der ersten Bestattung des Toten verwendet wurde. Alle diese Erkenntnisse sind wichtige Indizien dafür, dass es sich bei den Gebeinen tatsächlich um den um 400 amtierenden Bischof Severin des spätrömischen Köln handeln könnte. Vom Zeitpunkt der Bestattung (um 400) an klafft auch hier bis zur zweiten Hälfte des 6. Jahrhunderts eine zeitliche Lücke, aus der keine Zeugnisse für Verehrungsaktivitäten vorliegen. Von da an belegen die Quellen eine lückenlose Kontinuität der Verehrung dieses Heiligen bis heute. Damit würde man in St. Severin das älteste Kölner Bischofsgrab fassen können.

... IN BONN UND ANDERSWO

In Bonn ist die Wahrscheinlichkeit groß, dass die Ursprünge der Dietkirche (später St. Johann und Petrus) auf das 6./7. Jahrhundert zurückgehen. Sie lag im Bereich eines Legionslagers. Hingegen entstand das Bonner Münster wiederum auf einem römischen Gräberfeld. Dabei ist unklar, ob ein eindeutig christlich genutzter Grabbau des 6. Jahrhunderts schon als Kirche diente oder eine 691/692

Bonner Totengedächtnisstätte *des 4. Jh.*

ausdrücklich genannte *basilica* bisher noch gar nicht entdeckt wurde. Eine frühe To-
tenkultstätte des 4. Jahrhunderts erfuhr anders als oft angenommen wohl keine christliche Nutzung und ist ebenso wenig mit der Verehrung der Märtyrer Cassius und Florentius in Verbindung zu bringen.

Auch in Zülpich, St. Peter, und Neuss, St. Quirin, hat man Spuren von Vorgän-
gerbauten gefunden. Doch hier sind die Unsicherheiten noch größer als in Köln, Bonn
und Xanten. So bleibt es sehr fraglich, ob wir für Zülpich und Neuss antike christliche
Ursprünge annehmen können.

Martyrium der **hl. Ursula** *und ihres Gefolges vor den Toren Kölns;*
Darstellung in der Koelhoffschen Chronik von 1499

Die frühen Heiligen

Gereon, Cassius und Florentinus, Viktor, Ursula und
andere: Die Popularität dieser frühen Heiligen ist
ungebrochen. Sie sind bis heute Stadtpatrone von
Köln, Bonn und Xanten, und noch immer tragen Kinder ihre Namen. Die Spuren dieser Heiligen reichen
in die Spätantike zurück und verdichten sich schon
im frühen Mittelalter zu Legenden. Die realen Kerne
sind dabei kaum noch auszumachen.
Christliche Soldaten, die aus Theben in Ägypten
stammten, hätten sich – so die Legende – um
300 n. Chr. geweigert, den Göttern zu opfern und
deshalb den Märtyrertod erlitten. Von diesem
Schicksal wären die einzelnen Abteilungen der
Thebäischen Legion im heutigen St-Maurice
d'Agaune (Wallis) unter ihrem Anführer Mauritius, in Bonn unter Cassius und Florentius, in Köln unter Gereon
und in Xanten unter Viktor betroffen gewesen. Die Zahl der jeweiligen Gefährten schwankte, wuchs aber mit der
Legende. Offenbar schon früh wurde auch eine Verbindung zwischen den Kirchen in Köln, Bonn und Xanten
hergestellt, die nicht zufällig zu den ältesten des Bistums gehören.
In die Legende von der hl. Ursula und den 11.000 Jungfrauen sind gleich mehrere Überlieferungsstränge einge-
flossen. So erwähnt die im 5. Jahrhundert, eventuell aber auch erst in karolingischer Zeit entstandene Clematius-
Inschrift in St. Ursula ein Martyrium heiliger Jungfrauen. Dass die englische Königstochter Ursula zusammen
mit ihrem Bräutigam Ätherius und ihren Begleiterinnen vor Köln am Ufer des Rheines von den Hunnen nieder-
gemetzelt worden sei, könnte ein Reflex auf die Einfälle hunnischer Reiterhorden aus der asiatischen Steppe ins
Römische Reich seit circa 375 n. Chr. gewesen sein. Erst ab dem 9. Jahrhundert sind die Grundzüge der Ursula-
Legende in den schriftlichen Quellen greifbar. Insbesondere als seit der Kölner Stadterweiterung von 1106 auf
dem *ager Ursulanus* zahlreiche Gebeine und Inschriften gefunden wurden, vermehrte sich die Zahl der Begleiterinnen Ursulas auf 11.000. Es entstand ein schwunghafter Reliquientransfer. Hinzu kam noch ein Lesefehler bei
der Zahlenangabe.

DAS FRÜHE MITTELALTER:
VOM BISTUM ZUM ERZBISTUM KÖLN

6.–9. JAHRHUNDERT

WIEDERAUFBAU KIRCHLICHEN LEBENS

Für die Zeit ab dem ausgehenden 6. Jahrhundert gibt es sichere Anzeichen für eine Verdichtung des kirchlichen Lebens. Auch wenn die Kölner Bischofsliste nun weniger Lücken aufweist, kennen wir nicht viel mehr außer Namen, einzelnen Erwähnungen und Legenden. Seit Everigisel (lat. Everglislus) treten bei den Bischöfen neben die romanischen nun auch germanische Namen. Dies wird man nicht überbewerten wollen, ist aber bezeichnend für die Verschmelzung der christlichen antiken Lebens- und Glaubenswelt mit der germanisch-fränkischen Gesellschafts- und Lebensordnung. Dabei zeigt eine durchaus kritische Äußerung des Merowingerkönigs Chilperich I. (561–584), dass die Kirche bereits über nennenswerte finanzielle Mittel verfügte: *Siehe: arm bleibt unsere Staatskasse zurück, unsere Reichtümer werden an die Kirchen*

übertragen. ... Unsere Ehre ist vergangen und auf die Bischöfe der Gemeinden übertragen worden.

Kein Jahrhundert danach mag der später als Heiliger verehrte Kunibert ein solcher Bischof gewesen sein. Er war der erste Kölner Oberhirte des Mittelalters, der ein wenig mehr Profil gewinnt: Seine Herkunft aus einer merowingischen Adelsfamilie aus dem Raum um Trier/Metz verdeutlicht, dass der fränkische Adel inzwischen längst zum Träger des Christentums geworden war und nicht mehr nur die Mitglieder alter gallorömischer Familien die Bischofsstühle besetzten. Kunibert war Berater, zeitweise sogar Regent der

Goldene Scheibenfibel *mit christlichem Dekor aus einem fränkischen Grab bei Meckenheim, 7. Jh.*

Der **hl. Kunibert** *als Stifter der Lupusbruderschaft, 1248*

SCS · CVNIBERT

CAPELLARI

Que bene collegit sua cuiq, Stephania dabo
·pe·octe octo Grega· pasta bonus· hoc e mando

In noie dni. am. Notum sit vniusis psente carta inspectis. qd fres sci lupi ꝛ cot
de eoꝝ ꝯuentu ꝯsilio· p̄ remedio successoꝝ tu· ꝛ Gloriosi ꝯfessoris Cunibti q͞da ar
chiepī Colon q·xij· pbendas fm̄ sci lupi ꝯstituit· necn̄ ꝛ p salute aīaꝛ suaꝝ juter
se ordinauerīt· ꝛ statuerīt· frinitate tale· qd cū alique archiepōr Colon· vt cappe
lariꝛ eoꝝ origit· assignabit cuiliꝫ eoꝝ· ꝛ ipoꝛ exequijs· vi· libre cere· Et cuiliꝫ
frī· taurū Pfia ad sepultaꝝ coꝛde fm̄· assignabit dict· magꝛ· xij· den̄· ꝛ fres q͞ p
sentes fiunt· vigilabunt mortuo· vt ipoꝛ ꝯsueꝫ· Et q͞ n̄ vigilauerīt· ꝛ q͞ mortuo ad
eccliam secuti n̄ fiunt· vadiabit magꝛo· sertariū vini· ꝙ͞sꝛ fr̄ alijs frib; Colon n̄

fränkischen Könige und wirkte entscheidend mit an der *Lex Ribuaria,* einem weltlichen Gesetzbuch für Ripuarien. Dieses Gebiet ist nicht zufällig deckungsgleich mit großen Teilen des Bistums Köln, das nunmehr endgültig in das fränkische Reich eingebunden wurde. Der hl. Kunibert gilt als erster »politischer« Oberhirte Kölns – ein Adeliger, der auch »als Bischof in engem Kontakt mit den weltlichen Geschäften blieb« (H. Müller). Die hier erstmals klar greifbare Symbiose von geistlicher und weltlicher Gewalt deutet die weitere Entwicklung des Bischofsamtes im Mittelalter an. An der Erhebung Kuniberts zum Bischof hatte der König maßgeblichen Anteil, von den Königen erhielt die Kölner Kirche in Kuniberts Amtszeit wichtige Schenkungen. Auch das verweist in die Zukunft: Die Kirche stellte »gleichermaßen das Objekt königlicher Förderung wie königlicher Bevormundung dar« (W. Janssen). Angesichts der weiteren Entwicklung erstaunt es zudem kaum, dass – soweit erkennbar – sämtliche nachfolgenden Kölner Oberhirten bis ins 19. Jahrhundert dem Adel bzw. dem Hochadel entstammten.

VOM BISCHOF ZUM ERZBISCHOF: HILDEBOLD

Eine überragende, ja bis heute nachhaltige Bedeutung hatte schließlich Hildebold, in dessen Amtszeit – im Frankenreich waren inzwischen die Karolinger an die Stelle der Merowinger getreten – aus dem Bistum Köln ein Erzbistum wurde und die Kölner Kirchenprovinz entstand. War er auch der Erbauer des alten Kölner Doms?

*Erzbischof **Hildebold** mit einem Modell des Alten Doms, Fußbodenmosaik (Ende 19. Jh.) im Kölner Dom*

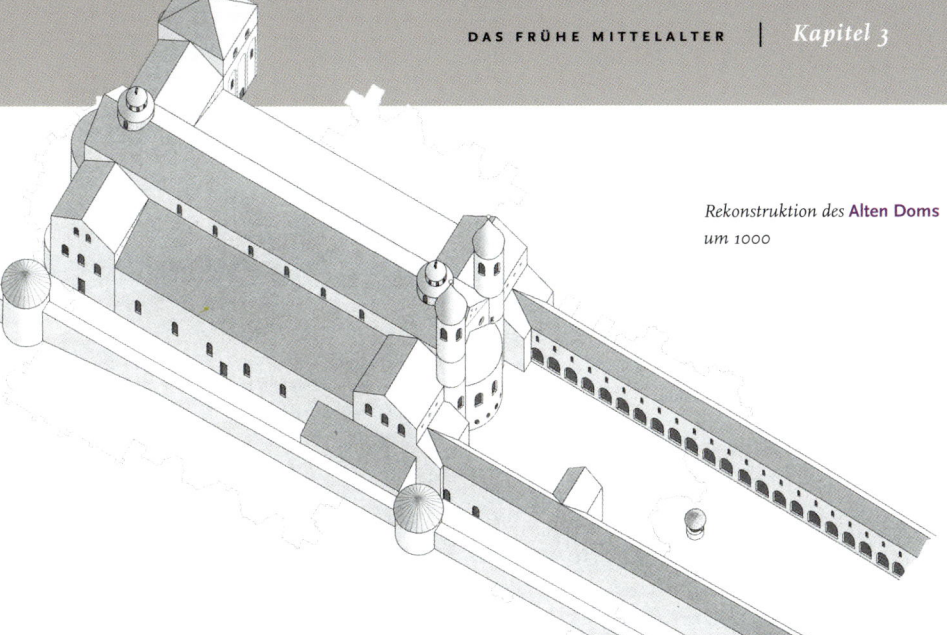

*Rekonstruktion des **Alten Doms** um 1000*

Das würde jedenfalls Hildebolds Bedeutung für die Kölner Kirche noch einmal unterstreichen. Als »Alter Dom« wird jene bischöfliche Kathedrale bezeichnet, die dem heutigen Kölner Dom (Grundsteinlegung 1248) unmittelbar vorausging. Der »Alte Dom« folgte seinerseits auf die oben beschriebene Bischofskirche des 5. oder 6. Jahrhunderts. Geweiht wurde die Kölner Bischofskirche 870/873 von Erzbischof Willibert, doch wann erfolgten ihre Grundsteinlegung und der Baubeginn? Hierzu haben die Wissenschaftler in der Vergangenheit unterschiedliche Antworten gegeben. Nach jüngsten Untersuchungen dürfte aber feststehen, dass der Baubeginn des »Alten Doms« noch kurz vor 800 liegt und damit jedenfalls in der Amtszeit Hildebolds. Bei der dreischiffigen (später fünfschiffigen) Kirche muss es sich um eine imposante doppelchörige Anlage von rund 95 Metern Länge gehandelt haben, die Georg Hauser als »Schöpfungsbau« bezeichnet. Ein solches Bauvorhaben war gewiss nicht ohne das Zutun des Königs zu verwirklichen, eher sogar als Teil eines umfassenderen königlichen Bauprogramms. So oder so:

*Widmungsbild des **Hillinus-Codex,** 1010–1020: Der Domherr Hillinus überreicht dem hl. Petrus das fertige Evangeliar; darüber der karolingische Alte Dom*

Johannes Chrysostomos, Predigten zum Hebräerbrief; Handschrift aus der Frühzeit der **Dombibliothek**, *vor 800; typisches Beispiel für die Beziehungen Kölns und Hildebolds zur Aachener Umgebung Karls des Großen.*

Der Baubeginn des »Alten Doms« in der Amtszeit von Hildebold fügt sich nahtlos ein in die steile Karriere, die dieser Erzbischof unter dem König und späteren Kaiser Karl dem Großen machte.

Wie viele und nicht nur Kölner Bischöfe des Mittelalters gehörte Hildebold der Hofkapelle an. Bereits in den ersten Jahren seiner Kölner Amtszeit trat er sogar an deren Spitze (791). Gleichzeitig war Hildebold einer der wichtigsten Berater von Karl dem Großen, den er »das Leben hindurch begleitet hat; sein Name eröffnet die Unterschriften des kaiserlichen Testaments von 811, und aus seiner Hand empfing Karl 814 sterbend die Sakramente« (R. Schieffer). So ist es denn auch der persönlichen Nähe zum großen Karl zu verdanken, dass Hildebold seit 794/795 als erster den Titel eines Erzbischofs führte und wohl noch in seiner Amtszeit die Kölner Kirchenprovinz entstand.

Die Hofkapelle

Die Hofkapelle entstand in der Zeit der ersten karolingischen Könige des 8. Jahrhunderts im unmittelbaren Umfeld des Herrschers. Hierbei handelt es sich um eine Gemeinschaft von Klerikern, die das eigentliche politische sowie kirchliche und kulturelle Zentrum des fränkischen und später deutschen Reiches darstellte. Diese Kleriker waren nicht nur mit politischen und diplomatischen Tätigkeiten betraut, sondern übernahmen auch Verwaltungs-, gottesdienstliche und kulturelle Aufgaben wie die Ausstellung von Urkunden, die Verwahrung der Reichsreliquien und die Messfeiern für den Herrscher. So trug die Hofkapelle entscheidend zur Verbreitung der klaren, gut lesbaren »karolingischen Minuskelschrift« bei, die letztlich Grundlage unserer heutigen Schrift ist. Insbesondere im 10./11. Jahrhundert holten die Herrscher häufig Mitglieder der Domkapitel in die Hofkapelle, um diese dann auf die Bischofsstühle des Reiches zu bringen – ein übliches »Karrieremuster«. Von den sieben Kölner Erzbischöfen des 11. Jahrhunderts ist nur Sigewin nicht aus der Hofkapelle hervorgegangen.

Bis heute wirkt der Begriff der Hofkapelle sprachlich nach: Der Begriff geht zurück auf den Mantel (lat. *cappa*) des hl. Martin, einer wichtigen Reliquie der fränkischen Könige. Die Geistlichen der Hofkapelle wurden daher *cappellani* (Kapläne) genannt. Auf die Hofkapelle gehen auch die heutigen Verwendungen des Begriffes für kleinere Kirchenbauten, einheitliche Gruppen liturgischer Gewänder und Musikensembles zurück – letztere, weil die Liturgie an der Hofkapelle häufig eine gesungene war.

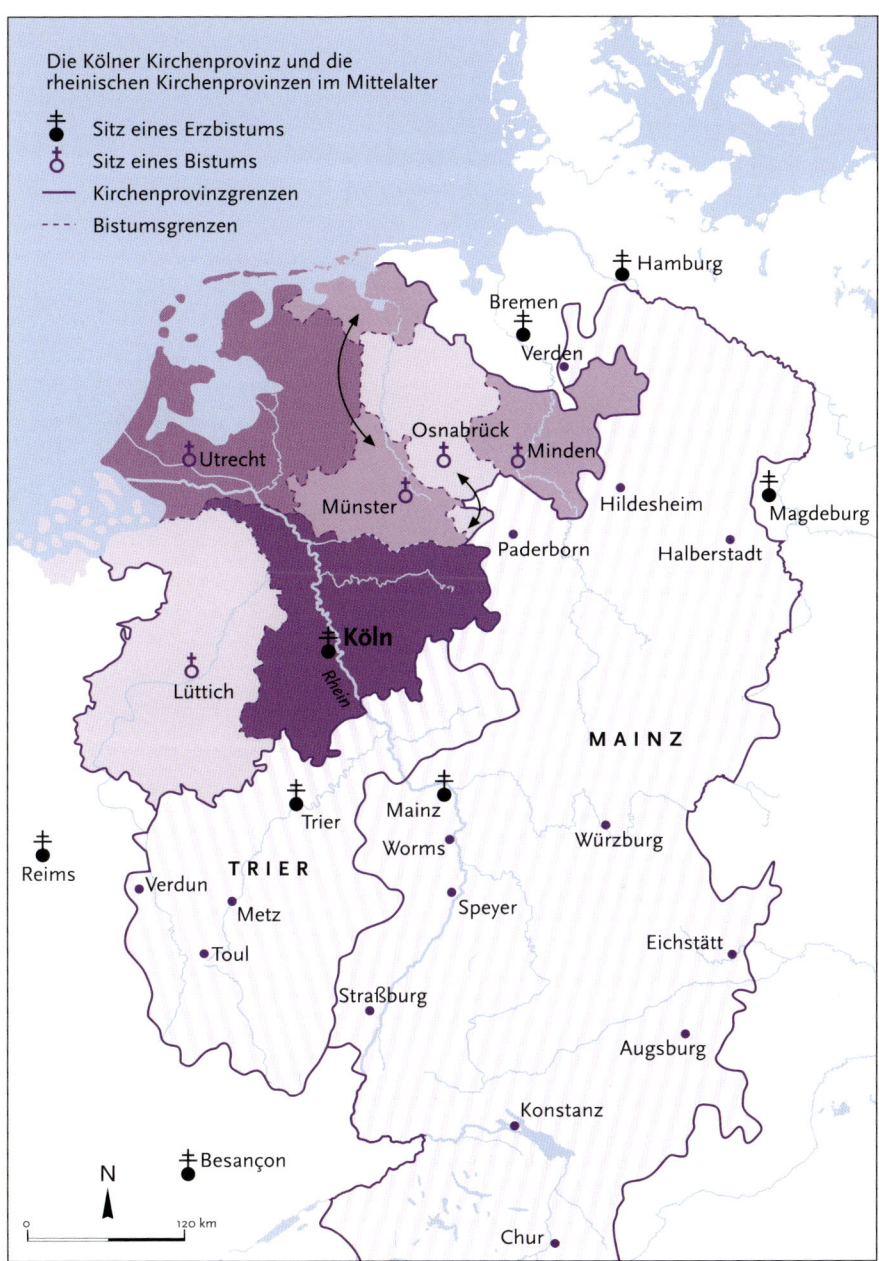

Die Kölner Kirchenprovinz und die
rheinischen Kirchenprovinzen im Mittelalter

⚰ Sitz eines Erzbistums

♀ Sitz eines Bistums

— Kirchenprovinzgrenzen

--- Bistumsgrenzen

Hamburg

Bremen
Verden

Osnabrück   Minden

Utrecht
Hildesheim   Magdeburg

Münster
Paderborn   Halberstadt

Köln
Rhein

Lüttich

MAINZ

Trier   Mainz
Worms   Würzburg

Reims

Verdun   Speyer

Metz   Eichstätt

Toul

Straßburg

Augsburg

Konstanz

N   ⚰Besançon

0   120 km

Chur

TRIER

Die rheinischen Kirchenprovinzen

Karl dem Großen ist nicht nur die Einrichtung der Kirchenprovinz Köln, sondern auch die Wiederherstellung der Kirchenprovinzen Trier und Mainz zu verdanken. Damit wurden wichtige Grundlagen der weiteren mittelalterlichen Reichsgeschichte geschaffen: Die drei rheinischen Kirchenprovinzen mit ihren Metropolen, die keine 200 Kilometer voneinander entfernt liegen, waren Zentren eines riesigen Einflussgebietes, das einen Großteil des heutigen Deutschlands abdeckt und sich bis nach Nordfrankreich in die eine und sogar über den Alpenhauptkamm hinweg in die andere Richtung erstreckt. So ist die Kirchenorganisation einer der Gründe dafür, dass das Rheinland zu einem Kernland des mittelalterlichen Reiches wurde.

An der räumlichen Gestalt der Kirchenprovinzen lassen sich Zielrichtungen und Grenzen früher Missionsaktivitäten erkennen. So ragte die Mainzer Provinz bis weit nach Norden; dementsprechend blieb die Kölner Stoßrichtung im Westfälischen gleichsam »stecken«. Da die Trierer Bemühungen von Köln und Mainz im Westerwald gestoppt wurden, konnte sich das Bistum Trier mit einem kleineren Gebiet auch ostwärts des Rheins ausdehnen. Es gehört im Übrigen bis heute teils zu Trier.

DIE KÖLNER KIRCHENPROVINZ

Neben der diözesanen Ordnung spielte im Mittelalter und in der Frühen Neuzeit die überdiözesane Ordnung eine sehr viel größere Rolle als heute. Die bisherigen Bischöfe von Köln standen nunmehr als Erzbischöfe der um 800 entstandenen Kölner Kirchenprovinz vor. Das Erzbistum Köln war damit im kirchlichen Sinne Metropole, der Erzbischof wurde auch als Metropolit bezeichnet, während man die zur Kirchenprovinz gehörenden Bistümer und Bischöfe Suffraganbistümer und -bischöfe nennt (von lat. *suffragium* für »Stimme« bzw. das Stimmrecht, das der einzelne Suffragan im Bischofskollegium der Kirchenprovinz hat). Gegenüber seinen Suffraganbischöfen hatte der Metropolit weitgehende Rechte, etwa bei der Einsetzung neuer Bischöfe oder der Abhaltung von regionalen Kirchenver-

Diagramm mit dem Verhältnis der Monate zu Sonne und Mond; astronomisch-komputistische Handschrift der **Dombibliothek***, 798/805. Die frühen Handschriften der Dombibliothek verdeutlichen einen Aufschwung von Schule und Bildung in dieser Zeit, weshalb man auch von karolingischer Renaissance spricht.*

sammlungen, sogenannten Provinzialsynoden oder -konzilien. Die meisten Kölner Erzbischöfe versuchten ihre Rechte als Metropoliten aktiv wahrzunehmen und konnten im Einzelfall empfindlich in die Suffraganbistümer hineinregieren. Trotzdem darf man die tatsächlichen politischen Möglichkeiten, die sich aus dieser Stellung ergaben, nicht überschätzen. Allerdings hatten in vormodernen Gesellschaften Fragen der Rangordnung einen sehr viel höheren Stellenwert als heute. So wurde mit der Errichtung der Kölner Kirchenprovinz der Erzbischof endgültig der wichtigste kirchliche Akteur im gesamten Nordwesten des späteren Deutschen Reichs. Über ein ganzes Jahrtausend hinweg, bis zur teilweisen Aufhebung des Erzbistums Köln in napoleonischer Zeit (1801), blieb die Kölner Kirchenprovinz im Wesentlichen unverändert bestehen. Den Titel eines Erzbischofs führen alle Kölner Oberhirten bis auf den heutigen Tag.

»DIE ELEGANTESTE BRAUT CHRISTI«

Im Römischen Reich lag das Kölner Bistum an der Rheingrenze in einer Randlage mit Blickrichtung nach Westen, was sich auch im Frankenreich nicht wesentlich änderte. Mit Errichtung der Kirchenprovinz, dem nun tief ins Rechtsrheinische ausgreifenden Bistumsgebiet und der Verschiebung der Gewichte im fränkischen und späteren deutschen Reich waren nachhaltige geopolitische Entwicklungen verbunden: Stadt und Erzbistum Köln lagen nun in günstiger Position und wurden zu einem wichtigen, nicht nur kirchlichen Zentrum. Das sollten sie für viele Jahrhunderte bleiben. 869 hieß es denn auch, Köln sei »nach Rom die eleganteste Braut Christi«.

Das Bistumsgebiet zeichnet sich jetzt deutlicher auf der Landkarte ab. Anhand der Karte, welche die Situation um 1300 zeigt, lassen sich sehr klar Strukturen erkennen, die ins 8./9. Jahrhundert und teilweise bis zu den Anfängen des Erzbistums in der Spätantike zurückreichen – also in jene Zeit, aus der wir so wenig über die Organisation der Kölner Kirche wissen. Am deutlichsten wird dies anhand des Vinxtbaches, der die Grenze zwischen den Erzbistümern Köln und Trier darstellt. Dieser nur 19 Kilometer lange Bach – er mündet zwischen Bad Breisig und Brohl in den Rhein – bildet eine uralte Grenze, denn er schied bereits die römischen Provinzen Nieder- und Obergermanien voneinander. So leitet sich der Name auch von lat. *finis* für »Grenze« ab. Diese Grenze zwischen den beiden römischen Provinzen trennte nun im Mittelalter und bis um 1800 die beiden Erzbistümer und Kirchenprovinzen Trier und Köln voneinander – ein klarer Hinweis darauf, dass diese kirchliche Grenzziehung bereits in der Spätantike entstanden sein muss, als die römische Provinzialverfassung noch intakt war. Erneut ist zudem erkennbar, wie sich die junge christliche Kirche der Verwaltungsstrukturen des spätrömischen Reiches bediente. Übrigens scheidet der Vinxtbach noch heute den Kölner Dialekt (»Kölsch«) vom Moselfränkischen. Ein außerordentliches Beispiel für die Stabilität einer Grenzziehung über mehr als 2.000 Jahre hinweg!

Wie der Vinxtbach waren es auch sonst meist naturräumliche Gegebenheiten, die das Bistumsgebiet konstituierten. So wurden die Grenzen vielfach von Flüssen

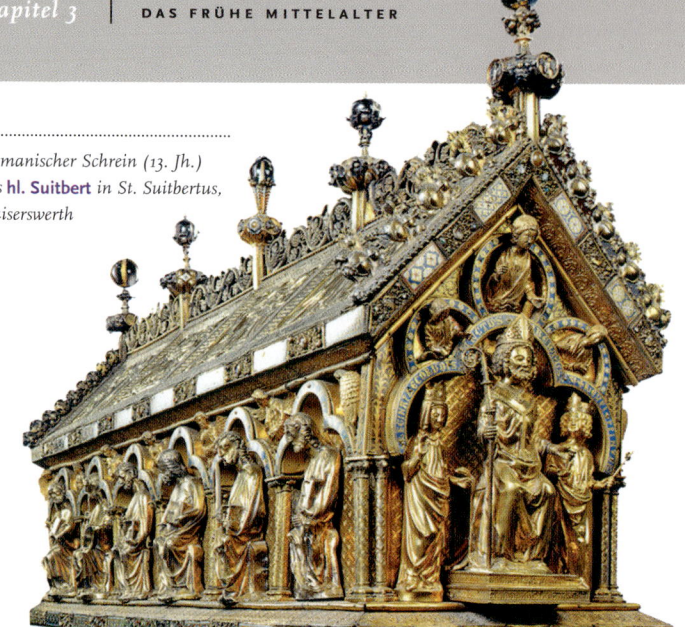

Romanischer Schrein (13. Jh.)
des **hl. Suitbert** *in St. Suitbertus,*
Kaiserswerth

oder gar nur kleineren Bächen gebildet: Maas und Wurm im Westen, Waal und Lippe
im Norden. Das Erzbistum Köln griff bis in den Westerwald, in die Vulkaneifel, dann
bis weit zum Niederrhein und seit dem 8. Jahrhundert in die westfälischen Gebiete
südlich der Lippe und nördlich der Sieg aus. Wie die Kirchenprovinz hatte auch die
territoriale Gestalt des Erzbistums über tausend Jahre hinweg unverändert Bestand
bis zum Beginn des 19. Jahrhunderts (1801). Lediglich im Nordwesten waren 1559
wenige Einbußen letztlich in Folge der Reformation zu verzeichnen.

Noch für die Zeit um 1300 war im linksrheinischen, römischen Altsiedelland
das Pfarrnetz – außer im Bereich der Höhenzüge der Eifel und des Hohen Venns –
im Kartenbild erkennbar dichter als im ohnehin dünn besiedelten rechtsrheinischen
Gebiet. Letzteres war im Frühmittelalter noch Missionsgebiet.

MISSION

Wie die von Köln ausgehende Mission in den angrenzenden Gebieten der Friesen im
Norden und der Sachsen im Rechtsrheinischen verlief, bleibt im Einzelnen unklar.
Gewiss, die seit dem ausgehenden 8. Jahrhundert bestehende Zugehörigkeit der west-
fälischen Gebiete südlich der Lippe zum Erzbistum spricht für einige missionarische
Aktivitäten. Doch diese erfolgten erst im Zusammenhang mit der gewaltsamen Erobe-

Blutsäule in St. Gereon, *Köln, die angeblich zwischen gut und böse unterscheiden kann. So soll nach dem Mord an seinem Bruder und seinem Neffen 612 der Merowingerkönig Theuderich II. gestorben sein, nachdem er die Blutsäule passiert hatte.*

rung des Sachsenlandes durch Karl den Großen. An konkreten Hinweisen auf wirksame missionarische Bemühungen aus der Zeit davor fehlt es. Zwar werden in St. Kunibert die Gebeine zweier Priester mit Namen Ewald (»die hl. Ewalde«) verehrt, die um 690 nördlich der Lippe bei der Mission gewaltsam umkamen, sowie in Kaiserswerth der hl. Suitbert († 713), der bei den westfälischen Brukterern missionierte. Allerdings waren deren Aktivitäten nicht von Köln ausgegangen, sondern sie waren eigenständig handelnde angelsächsische Missionare.

Auch für das frühe Mittelalter ist die Geschichte des Erzbistums Köln noch vorwiegend belegt über die Geschichte der Erzbischöfe. Über den Glauben der Menschen, die Formen religiösen Lebens, die allmähliche Verchristlichung der Gesellschaft und anderes mehr wissen wir oft nur schemenhaft Bescheid. Die Berichte von Mord und Totschlag in der merowingischen Königsfamilie und unter den Großen des Reiches lassen jedenfalls nicht auf eine persönliche Lebensführung und Ethik schließen, die im christlichen Glauben wurzelte. Hierzu mag es erst mit den frühen Klostergründungen und infolge der Missionsbemühungen gekommen sein.

VOM REICHSBISCHOF
ZUM LANDESHERRN
10.–15. JAHRHUNDERT

Ab 843 kam es zu mehreren Teilungen des großen Karolingerreiches, die schließlich zu dessen Auflösung führten. Das Kölner Bistumsgebiet gehörte zeitweilig unterschiedlichen Teilreichen an, was die Erzbischöfe bisweilen in eine schwierige Lage brachte. Erst als seit 925 die Zugehörigkeit des Rheinlandes zum ostfränkischen und späteren deutschen Reich dauerhaft gesichert und die Konsolidierung der Königsherrschaft im 10. Jahrhundert gesichert war, bestanden wichtige Grundlagen dafür, dass das Erzbistum Köln und seine Erzbischöfe in der Zeit der Ottonen, Salier und Staufer überragende Bedeutung erhielten.

DER REICHSBISCHOF

Was bereits bei Kunibert und Hildebold zu beobachten war, intensivierte sich nun noch einmal: Die Bischöfe wurden in den Ausbau des Reiches und der Königsmacht einbezogen – und das nicht nur in Köln. Man hat hierfür den Begriff des »ottonisch-salischen Reichskirchensystems« geprägt. Die ottonischen und salischen Herrscher des 10. und 11. Jahrhunderts nutzten die Kirche als Stütze der eigenen Herrschaft; die Kirche wurde zu einer der tragenden Säulen des Reiches. Die aus der Hofkapelle stammenden und vom König selbst eingesetzten Bischöfe, aber auch die Reichsäbte standen nicht nur im Dienst ihrer Diözese, sondern auch von König und Reich. Gefragt waren diplomatische Missionen, politische und auch militärische Betätigung, fürbittendes Gebet, gastliche Aufnahme des Königs – er übte seine Herrschaft noch bis ins Spätmittelalter im Umherreisen aus – mitsamt Gefolge. Im Gegenzug konnten die Bischöfe damit rechnen, großzügig mit Herrschaftsrechten, Einkünften und Privilegien ausgestattet zu werden. Dem »Reichskirchensystem« lag gewiss kein klar ent-

Die hinterlegte Urkunde wurde in **Anwesenheit von König Otto I. und Erzbischof Brun** *ausgestellt: Schenkung der Kirche zu Hohkeppel an das Stift St. Severin; Fälschung, angeblich 958.*

wickeltes und strikt befolgtes Konzept zugrunde, weswegen dieser akademische Begriff zu Recht als problematisch angesehen wird. Gleichwohl beschreibt er treffend die enge Verflechtung von Reich und Kirche; die Kirche wurde zur Reichskirche, und damit entstand ein Bischofstyp, den man in der Forschung als »Reichsbischof« bezeichnet hat.

Gleichsam den Prototyp eines solches Reichsbischofs verkörperte im 10. Jahrhundert der hl. Brun, einer der bedeutendsten Kölner Oberhirten. Er war der Sohn von König Heinrich I. (919–936) und damit Bruder von Otto dem Großen (936–973). Dieser Aspekt in Bruns Biographie spielte eine entscheidende Rolle, denn es lag in der Konzeption der Politik von Otto dem Großen, zuverlässige Verwandte mit entsprechenden Ämtern zu betrauen. Schon früh zum Geistlichen bestimmt, erhielt Brun eine umfassende Bildung und durchlief die übliche Karriere in der Hofkapelle. Schon 940, mit nur 15 Jahren, fungierte er als Kanzler, der die königlichen Urkunden ausstellte, und seit 951 als Erzkaplan, das heißt sozusagen als »Chef« der Hofkapelle. Damit hatte Brun nach dem König bereits den höchsten Rang im Reich inne. Nur wenige Monate nach seiner Bestellung zum Kölner Erzbischof (953) ernannte Otto ihn auch zum Herzog von Lothringen, einem Gebiet, das sich zwischen Rhein und Maas von den Alpen bis zur Nordsee erstreckte. Eine solche Verknüpfung von weltlichem und geistlichem Amt war im 10. Jahrhundert in so ausgeprägter Form noch ungewöhnlich. Entsprechend wird Brun in einer zeitgenössischen Biographie als *archidux* (Erzherzog) bezeichnet. So verwundert es auch nicht, dass der Kölner Oberhirte zusammen mit dem Mainzer Erzbischof Wilhelm von 961 bis 965 die Regentschaft im Reich führte. Damals unternahm Otto seinen zweiten Italienzug, nicht zuletzt, um sich in Rom zum Kaiser krönen zu lassen.

KIRCHE UND WELT

Gewiss wirken solche Strukturen rückblickend für heute lebende Menschen, die Kirche und Staat als grundsätzlich unterschiedliche Sphären erleben, befremdlich. Die Grundlagen der mittelalterlichen Gesellschaft waren vollkommen anders gelagert. Einen verfassten Staat mit Strukturen im heutigen Sinne gab es noch nicht. Kirche und Welt waren in vielfältiger Weise und für die Zeitgenossen vollkommen selbstverständlich miteinander verwoben und durchdrangen sich gegenseitig. So verstand sich auch das Königtum in der Tradition des Alten Testaments als Priesterkönigtum; die Könige waren sakrale Herrscher, die selbstverständlich auch in kirchlichen Belangen agierten.

Umgekehrt sah man in »politischen« Betätigungen der Erzbischöfe keinen Widerspruch zum geistlichen Amt, sondern verstand diese sogar als integralen Bestandteil des Bischofsamtes. Weltliche Macht und geistliche Hirtensorge hatten ihren gemeinsamen Zweck in der Sicherung der Gesellschafts- und Lebensordnung, letztlich im Interesse der Menschen. In diesem Sinne erwartete man von den Erzbischöfen geradezu die Behauptung und Erweiterung ihrer weltlichen Herrschaft. Erst am Ende des Mittelalters nahmen Zeitgenossen die kaum aufzulösende Spannung zwischen dem Amt des Bischofs und der weltlich-»staatlichen« Gewalt deutlich wahr und übten Kritik.

Um aber ein – wie auch immer austariertes – Verhältnis von Staat und Kirche nach heutigen Vorstellungen zu entwickeln, mussten sich Kirche und »Staat« bzw. weltliche Herrschaft überhaupt erst voneinander differenzieren. Die Anfänge hierzu lagen im Investiturstreit, dessen Höhepunkt der sogenannte Gang nach Canossa (1077) bildete. Dabei ging es um das Recht des Königs auf Amtseinsetzung (Investitur) von Bischöfen und Äbten, dann aber auch um einen Grundkonflikt zwischen geistlicher (Papst) und weltlicher Gewalt (König/Kaiser). Aber von dort war es noch ein langer Weg bis zu den großen Konflikten des 19. Jahrhunderts zwischen Staat und Kirche. Im Rückblick wird man jedenfalls das Wirken der Erzbischöfe des Mittelalters und der Frühen Neuzeit im historisch vorgegebenen Rahmen nicht vorschnell nach heutigen Maßstäben verurteilen wollen. Schon die Zeitgenossen sahen es allerdings als problematisch an, wenn die Oberhirten beispielsweise bei Feldzügen eigenhändig das Schwert führten.

DIE BISCHOFSSTADT KÖLN

An Bruns Wirken im 10. Jahrhundert ist gut zu erkennen, dass Stadt und Erzbistum Köln von der Stellung der Erzbischöfe ungemein profitierten. So schuf Brun in seiner Amtszeit wichtige Grundlagen für die Ausbildung der späteren Stadtgemeinde Köln, was nur mit Unterstützung durch kaiserliche Schenkungen möglich war: So wurde die Hochgerichtsbarkeit (Ahndung von Kapitalverbrechen) für das Kölner Stadtgebiet aus der für das

Der dem **hl. Petrus** *zugeschriebene* **Stab** *im Kölner Domschatz ist ein Beispiel für Reliquienerwerb durch Erzbischof Brun. Der Holzstab mit Elfenbeinknauf entstammt der Spätantike, die verschiedenen Teile der Fassung sind im 8., 14. und 16. Jh. entstanden.*

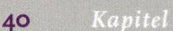

Umland ausgegliedert. In seiner Bischofsstadt gründete Brun mehrere geistliche Gemeinschaften und stattete sie mit Gütern aus, so St. Andreas, St. Maria im Kapitol, Groß St. Martin und vor allem die Benediktinerabtei St. Pantaleon – allesamt letztlich auch von Belang für Wirtschaft und Infrastruktur der Stadt. In St. Pantaleon, nicht wie die meisten anderen Erzbischöfe im Dom, fand Brun seine letzte Ruhestätte. Auch das Stift St. Patrokli in Soest, an der Nordostflanke des Bistumsgebietes, ist auf Brun zurückzuführen. Aufgrund seiner Beziehungen und seiner Stellung erwarb er ferner wichtige Reliquien, die er an Kirchen seines Bistums weitergab.

FREUND DES KAISERS

Ohne die Nähe der Kölner Kirche und ihrer Oberhirten zu Kaiser und ins Reich wäre die spätere Entstehung der erzbischöflichen Landesherrschaft nicht möglich gewesen. In der Zeit vom 10. bis zum 13. Jahrhundert sah Köln eine Reihe von bedeutenden Erzbischöfen, deren Wirken hier nicht im Einzelnen nachgegangen werden kann. Erzbischof Gero etwa war 971 in diplomatischer Mission für den Kaiser unterwegs. Er gehörte zu der Gesandtschaft, die Prinzessin Theophanu als Braut für Otto II. von Byzanz nach Rom führte. Auf den hl. Heribert geht die Gründung der Benediktinerabtei Deutz (1002–1003) zurück. Bereits vor seinem Amtsantritt in Köln war er Kanzler zunächst für Italien, dann auch für Deutschland. Er wurde zu einem der wichtigsten Ratgeber, ja zum Freund von Kaiser Otto III., dessen Leichnam er 1002 von Rom nach Aachen brachte.

So genannter **Kamm des hl. Heribert**, *Elfenbein, Metz, 2. Hälfte 9. Jh. Ein solcher Kamm diente dem Bischof zum Kämmen der Haare vor der Messe, womit auch das Ordnen der Gedanken und die Konzentration auf die Liturgie versinnbildlicht wurde.*

ERZKANZLER UND KÖNIGSKRÖNER

Schon bald versuchten die Erzbischöfe, ihre Macht und Bedeutung zeichenhaft herauszustellen, so etwa Erzbischof Pilgrim mit seinen beiden Bleibullen. Blei oder gar Gold als

Gerokreuz *im Kölner Dom, 10. Jh., von Erzbischof Gero nach dem Vorbild byzantinischer Großplastiken in Auftrag gegeben; ältestes erhaltenes Großkruzifix des Abendlandes.*

Bleibulle von Erzbischof Pilgrim, *um 1027–1036; Vorderseite: Brustbild des Erzbischofs, Rückseite: Personifizierte Darstellungen von Fides, Spes und Caritas (Glaube, Hoffnung, Liebe).*

Material für Siegel kam nur bei Kaisern, Königen und Päpsten zur Verwendung. Wenn Pilgrim nun als Erzbischof Bleibullen führte, stellte er sich damit »auf eine Stufe mit dem Papst und dem König beziehungsweise Kaiser. Wie die Gestaltung der Bullen zeigt, beanspruchte Pilgrim für das Erzbistum Köln und sich selbst eine herausgehobene Stellung im damaligen christlichen Erdkreis« (T. Diederich).

Gewiss spielen dabei auch die schon länger schwelenden Rangstreitigkeiten der Kölner mit den beiden anderen rheinischen Erzbischöfen in Mainz und Trier eine Rolle. Konkret ging es um die Frage, mit welchem der Metropolitansitze das Amt des Erzkanzlers – des Vorstehers der sich gegenüber der Hofkapelle immer mehr emanzipierenden Kanzlei – verknüpft sein sollte, sowie darum, wer von den drei rheinischen Erzbischöfen das Recht hatte, den deutschen König zu krönen. Im Endeffekt gelang es zwar dem Mainzer Erzbischof, das Amt des Erzkanzlers mit seinem Bistumssitz zu verbinden. Jedoch führten die Kölner Erzbischöfe seit Pilgrim (1031) den Ehrentitel des Erzkanzlers für Italien – und das bis 1801. Noch wichtiger war das

Erzbischof **Heinrich von Virneburg krönt König Heinrich VII. und seine Gemahlin** *in Aachen, 1309 (Darstellung um 1340).*

Herimannkreuz, *von Erzbischof Hermann II. und seiner Schwester Ida, Äbtissin von St. Maria im Kapitol in Köln, gestiftetes Vortragekreuz, um 1045*

Kölner Krönungsprivileg von 1052, wonach das Recht, den deutschen König zu krönen, nunmehr verbrieft und damit endgültig beim Kölner Erzbischof lag. Solche Rangfragen waren alles andere als belanglos, treten neben den Aspekt der symbolischen Kommunikation doch juristische, kirchenrechtliche und schließlich handfeste machtpolitische Gesichtspunkte. So konnte künftig kein deutscher König mehr ohne die Mitwirkung des Kölner Erzbischofs gekrönt werden, dem damit für die Herrschaftsbegründung und -legitimation des Königs eine entscheidende Rolle zukam – ein politisches Pfund erster Güte. Damit war die Frage der Vorrangstellung der drei rheinischen Metropoliten faktisch zugunsten von Köln entschieden.

ERZBISCHOF ANNO, EIN SCHWIERIGER HEILIGER

Eine höchst eigenwillige Reichspolitik betrieb Erzbischof Anno. Schon wenige Monate nach seinem Amtsantritt starb Kaiser Heinrich III. (1039–1056), dem er seine Ernennung zum Kölner Erzbischof verdankte. Im Reich entstand dadurch ein politisches Vakuum, welches die Kaiserwitwe Agnes als Vormund für den gerade einmal sechs Jahre alten nominellen König Heinrich IV. (1056–1105) nur notdürftig ausfüllen konnte. Insbesondere dürfte dem Kölner Erzbischof missfallen haben, dass die Kaiserin und ihr Umfeld zunehmend von der Kirchenreform abrückten, die seinerzeit unter anderem vom Papsttum betrieben wurde. Jedenfalls ent-

Medaillon vom Heribertschrein in St. Heribert, Deutz (um 1150– 1175): Der **hl. Heribert** *söhnt sich mit* **Kaiser Heinrich II.**, *dem Nachfolger von Otto III., aus.*

schloss sich Anno zu einem auch aus damaliger Sicht unerhörten Schritt: Im April 1062 war anlässlich eines Festmahles der junge König in der Königspfalz Kaiserswerth zu Gast. Von dort ließ ihn der Erzbischof per Schiff nach Köln entführen; der König wäre bei der Aktion beinahe ertrunken. Mit diesem »Staatsstreich von Kaiserswerth« wollte Anno eine kirchenpolitische Wende einleiten und seinen Einfluss in der Reichspolitik sichern, was ihm bis zur Volljährigkeit des Königs (1065) gelang. Handelte der Erzbischof hier im Interesse des Reiches oder in seinem eigenen?

Ähnlich wird man auch beim Vorgehen Annos gegen die rheinischen Pfalzgrafen fragen können. Hierbei handelte es sich um das Adelsgeschlecht der Ezzonen, das im 11. Jahrhundert im Rheinland eine herzogähnliche Stellung innehatte. Wie auch in anderen Regionen des Reiches sind dabei erste Ansätze des Adels erkennbar, Dynastien auszubilden sowie mehr oder weniger geschlossene Territorien der eigenen Herrschaft zuzuführen – also Vorläufer des in den folgenden Jahrhunderten erst richtig in Gang kommenden Prozesses der Territorialbildung. Solche Bestrebungen führten aber langfristig zur Schwächung des Königs und damit zu gravierenden Problemen für die zentrale Gewalt im Reich. Insofern ist es folgerichtig, dass Anno als Reichsbischof bald nach seinem Amtsantritt an die Entmachtung der rheinischen Pfalzgrafen ging, die ja auch Konkurrenz für ihn waren – effizient und mit vollem Erfolg. Als politischer Faktor schieden sie am Niederrhein aus; ihr Einflussbereich wurde auf Dauer nach Süden abgedrängt. Letztlich verdankt die heutige Pfalz ihren Namen eben jenen Pfalzgrafen.

Das Vakuum, das sie im nördlichen Rheinland hinterließen, füllte die Kölner Kirche mit Anno als Erzbischof sogleich aus. So gehörte zu den Besitzungen des Pfalzgrafen der Siegberg, eine nahe bei der Mündung der Sieg in den Rhein gelegene Befestigung von strategischer Bedeutung. Dort gründete Anno um 1064 sein wichtigstes Kloster, die Benediktinerabtei Siegburg. Gewiss diente die Abtei der seelsorglichen Erschließung dieses Teils des Erzbistums, doch sorgte die Klostergründung auch für die nachhaltige herrschaftliche Durchdringung der Region. Anno betrieb diese Politik zweifelsohne im Sinne des Kaisers und wie von einem Reichsbischof erwartet. Doch die Ergebnisse zahlten sich für Kaiser und Reich kaum aus, denn der Erzbischof wusste seine Erfolge recht gut für sich und die Kölner Kirche zu nutzen. Dies verwies in die Zukunft: Die Erzbischöfe begannen, selbst Territorialpolitik zu betreiben.

Der sogenannte »Annostollen« *(rechts vor der Mauer), durch den Erzbischof Anno 1074 wahrscheinlich floh, ist in der Tiefgarage unter der Kölner Domplatte zu sehen. Bei der Stadtmauer handelt es sich noch nicht um den späteren mittelalterlichen Mauerring, sondern um die alte Römermauer.*

Neben Siegburg gründete **Anno II.** *die Klöster Grafschaft und Saalfeld (Thüringen) sowie die Kölner Stifte St. Mariengraden und St. Georg. Entsprechend ist Anno in einer Handschrift der »Vita Annonis« (um 1183) mit* **Modellen von fünf Kirchen** *abgebildet.*

Anno und die Kölner

Noch heute ist das Loch in der Kölner Stadtmauer zu sehen, durch das Erzbischof Anno 1074 vor einem Aufstand der Kölner Bürger floh. Vorausgegangen war die von Anno befohlene Beschlagnahme des Schiffs eines Kölner Kaufmanns, was die Stadt in hellste Empörung versetzte. Anno musste verkleidet aus dem Dom durch einen Gang in ein an der Stadtmauer gelegenes Haus fliehen, in dem sich ein Loch in der Mauer befand. Mit Truppen kehrte der Erzbischof dann in die Stadt zurück und hielt ein fürchterliches Strafgericht, bei dem einige Bürger in schrecklicher Weise geblendet wurden. Der Aufstand gegen Anno ist stadtgeschichtlich von großer Bedeutung: Erstmals lehnten sich bürgerlich-kaufmännische Schichten in einer deutschen Stadt gegen die bischöfliche Stadtherrschaft auf. In Köln gelang es den Bürgern in den nächsten Jahrhunderten, diese Stadtherrschaft abzuschütteln. Köln wurde zur Freien Reichsstadt unter der Regierung eines städtischen Rates. Letztlich liegen hier die Wurzeln der heutigen kommunalen Selbstverwaltung.

Obwohl nur wenige Erzbischöfe für die Entwicklung ihrer Bischofsstadt so viel getan hatten wie Anno, war vor allem nach den Ereignissen von 1074 das Verhältnis zwischen Anno und den Kölnern nachhaltig zerstört: Mit ausdrücklichem Hinweis auf die treulosen Kölner ließ Anno sich nicht in Köln, sondern in seiner Lieblingsgründung, dem Kloster Siegburg bestatten. In der Stadt war man hingegen noch gut hundert Jahre später der Meinung, Anno habe mehr Augen geblendet als geheilt. In anderen zeitgenössischen Quellen wird der später als Heiliger verehrte Anno charakterlich als oft unbeherrscht, heftig, unbequem und unbeugsam, nicht selten bis zum Starrsinn beschrieben, wie es einer seiner Nachfolger, der Kölner Erzbischof und Kardinal Joseph Höffner, zusammengefasst hat: »Es fällt schwer, in Anno einen Heiligen zu sehen.«

Der **Siegburger Michaelsberg** *mit der ehemaligen Benediktinerabtei*

TERRITORIALPOLITIK
MIT ALLEN MITTELN

Mit dem Stichwort »Territorialisierung« wird ein komplexer, höchst dynamischer Vorgang beschrieben, der im 12. Jahrhundert begann und sich teilweise bis ins 15. Jahrhundert hinzog. Im Ergebnis entstanden im mitteleuropäischen Raum Staaten im heutigen Sinne, bei denen ein klar umgrenztes Territorium einer Landesherrschaft unterworfen war, die sich mittels Beamten und Gerichten über alle Einwohner erstreckte. Die Auswirkungen dieser Entwicklungen bestimmen die politische Ordnung bis heute. Mit der Geschichte des

Rolandsbogen, Teil der Ruine von **Burg Rolandseck** *bei Remagen*

Erzbistums Köln sind sie aufs Engste verknüpft, denn hier gelang es den Erzbischöfen bis ins 14. Jahrhundert, jenes weltliche Territorium der Kölner Kirche zu formen, das man als Kurstaat bezeichnet. Nach den Anfängen bei Anno war es vor allem Erzbischof Friedrich von Schwarzenburg, der als erster planmäßig Territorialpolitik betrieb. Er legte gezielt Burgen an wie die Burgen Rolandseck und Wolkenburg (Baubeginn um 1114/1118). Hoch über den Ufern des Rheins einander gegenübergelegen,

sicherten sie das Flusstal nach Süden ab. Ferner versuchte Friedrich den rheinischen Adel an die Kölner Kirche zu binden, indem er planmäßig Lehen vergab.

Auch die folgenden Erzbischöfe betrieben – teilweise unter Einsatz erheblicher Finanzmittel – Burgenbau, Lehenspolitik, Gütererwerb, Zollerhebung vor allem am Rhein sowie die Anlage von Städten und die Vergabe von Stadtrechten. Unter den Erzbischöfen Heinrich von Müllenark und Konrad von Hochstaden kam es zu Stadterhebungen etwa von Rees (1228), Xanten (1228), Deutz (1230), Rheinberg (1233), Recklinghausen (1236), Bonn (1244), Dorsten (1251), Vreden (1252) und Uerdingen (1255). Ob Burgenbau, Güterkauf, Rheinzölle, Gerichtsrechte, Städte- oder Lehenspolitik: Stets war es das Ziel, Herrschafts- und andere

Wappenschild des **Erzstiftes Köln**, *begleitet von den Phantasiewappen der Heiligen Drei Könige (oben) und den Wappen wichtiger kölnischer Lehensträger, Codex Gelre, um 1370–1390*

Rechte sowie Besitzungen der Kölner Kirche in den Weiten des von örtlichen Gewalten beherrschten Landes zu festigen, zu sichern und zu einem zusammenhängenden, einheitlichen kölnischen Territorium zu formen.

Wichtige Stationen auf dem Weg dahin waren die Übertragung der rheinischen (1151) sowie der westfälischen Herzogswürde (1180), des sogenannten Dukats, durch den König bzw. Kaiser an den Erzbischof. Räumlich nicht genau umgrenzt, ging es dabei um die Friedenswahrung im Lande und konkret darum, den aufstrebenden, seinerseits territorialen Gelüsten frönenden Adel als erzbischöfliche Vasallen im Zaum zu halten. Auch wenn daraus nicht zwangsläufig ein substanzieller Machtzuwachs resultierte, stärkten die beiden Dukate die ohnehin schon herausgehobene Stellung der Kölner Oberhirten, nicht zuletzt auch auf Ebene des Reiches.

KAISER, PAPST, ERZBISCHOF

Siegel von Erzbischof **Heinrich von Müllenark**. *Seit Anfang des 12. Jh. kommt ein neuer Typ von Bischofssiegeln auf: Auf einem Thron sitzend, stellt sich der Bischof als Kirchenfürst dar.*

Mit dem Ausbau der Herrschaftsrechte der Kölner Kirche und dem Bestreben, ein geschlossenes Territorium zu organisieren, änderte sich das Selbstverständnis der Oberhirten. Der Reichsbischof wurde zum Territorialfürsten und Landesherren. Im Verhältnis zur königlichen Gewalt war die »einstige Ungezwungenheit engen Zusammenwirkens der meisten Reichsbischöfe mit dem Herrscher« (R. Schieffer) kaum noch möglich, denn die Interessen des Reiches und der eigenen Kirche unterschieden sich jetzt oft voneinander und waren einander bisweilen sogar diametral entgegengesetzt.

Seit den Auseinandersetzungen des 11. Jahrhunderts zwischen Kaiser und Papst trat zudem noch der Papst als wichtiger Faktor im Spiel der Mächte hinzu. So nahmen die Erzbischöfe »für den Kaiser oder den Papst Partei nur noch unter dem Gesichtspunkt lokaler Opportunität« (O. Engels). Friedrich von Schwarzenburg etwa wechselte zwischen 1106 und 1122 gleich mehrfach die Fronten zwischen Papst und den Kaisern Heinrich IV. und Heinrich V. Dennoch waren die Erzbischöfe oft Parteigänger des Kaisers. So starben etwa im 12. Jahrhundert immerhin fünf Erzbischöfe bei kaiserlichen Heerzügen in Italien.

Vor allem Reinald von Dassel stand ganz auf der Seite von Kaiser Friedrich Barbarossa (1152–1190). Schon seit 1156 Reichskanzler, gehörte er zu dessen engen Vertrauten. Seine Betätigung in Reichsangelegenheiten nahm den Erzbischof so sehr

Die Heiligen Drei Könige

Bei den Gebeinen der Heiligen Drei Könige handelt es sich um absolute Spitzenreliquien der Christenheit. Auch wenn im Matthäus-Evangelium lediglich von »Magiern« unbestimmter Zahl die Rede ist, waren es nach mittelalterlicher Lesart drei Könige, die als erste Herrscher überhaupt Christus, den neugeborenen König, erkannt und ihm gehuldigt hatten. Damit war die bloße Anwesenheit der Gebeine in Köln ein in heilsgeschichtlicher Hinsicht außerordentlicher Schatz mit zudem enormem politischem Gewicht für die Legitimation des deutschen Königtums. Das ändert nichts an der Tatsache, dass es sich bei den Reliquien faktisch um eine Kriegsbeute des Kölner Erzbischofs handelte. 1903 wurden immerhin Teile der Reliquien nach Mailand zurückgegeben.

*Der Kölner **Dreikönigenschrein** (um 1190–1220), eines der wichtigsten Goldschmiedewerke des Mittelalters*

In Köln war mit den Heiligen Drei Königen ein Höhepunkt der Reliquienfrömmigkeit erreicht, und bald schon entwickelte sich für mehrere Jahrhunderte eine internationale Wallfahrt, welche die Stadt zu einem der Hauptorte der Christenheit werden ließ und ihr auch wirtschaftlich zugutekam. Nach Köln pilgerten auch manche gekrönte Häupter, die sich in die Nachfolge der Drei Weisen stellen und eine sakrale Legitimation verschaffen wollten. Insbesondere im Spätmittelalter erwiesen die deutschen Könige unmittelbar nach der Krönung in Aachen den Heiligen Drei Königen ihre Reverenz.

in Beschlag, dass er von den acht Jahren seiner Amtszeit insgesamt nicht einmal anderthalb im Erzbistum Köln verbrachte. Und wieder zahlte sich das Engagement des Erzbischofs für das Erzbistum aus: Die Reichshöfe Andernach und Eckenhagen kamen als kaiserliche Schenkungen an die Kölner Kirche. Insbesondere aber erhielt Rainald nach der Eroberung von Mailand 1164 von Barbarossa die Gebeine der Heiligen Drei Könige, die er nach Köln bringen ließ. Auch der Erwerb des Herzogtums Westfalen durch Rainalds Nachfolger Philipp von Heinsberg 1180, nach dem Sturz Heinrichs des Löwen, ist nur durch das gute Verhältnis zu Barbarossa zu erklären.

MORD UND GEFANGENNAHME: ENGELBERT VON BERG UND KONRAD VON HOCHSTADEN

Die Herausbildung des Kurstaates, des weltlichen Herrschaftsgebiets der Kölner Erzbischöfe, mutet auf den ersten Blick wie eine glänzende Erfolgsgeschichte an. Dabei

König Heinrich VII. und Königin Margarete
(rechte Seite oben) beten nach ihrer Krönung in Aachen vor dem Schrein der hl. Drei Könige, 1309 (Darstellung um 1340).

ist der sich über mehr als 200 Jahre hinziehende Prozess keineswegs linear verlaufen und mit mancherlei Rückschlägen und Konflikten bis hin zu Kampf, Krieg und Tod verbunden gewesen. So wurde dem Erzbischof Engelbert von Berg, der »in den Mitteln seiner Territorialpolitik nicht wählerisch war« (T. Diederich), 1225 bei Gevelsberg von seinem Neffen Friedrich von Isenberg hinterrücks aufgelauert, der ihn geradezu hinschlachten ließ. Auch wenn die Zeitgenossen versuchten, diesen Mord als Martyrium auszudeuten – er galt eindeutig dem Machtpolitiker und Territorialfürsten, dessen Bestrebungen alles andere als widerspruchslos hingenommen wurden.

Dem territorialpolitischen Engagement der Erzbischöfe kamen immer wieder Konkurrenten in die Quere, die sich ihrerseits bemühten, eine entsprechende Landesherrschaft auszubilden, und die doch zugleich der geistlichen Hirtensorge der Erzbischöfe anvertraut waren – ein weiteres Moment mittelalterlicher Realitäten, das rückblickend widersprüchlich erscheint, insbesondere wenn die Oberhirten schnell mit Exkommunikation und Interdikt (Verbot von Sakramentenspendung und Gottesdiensten) bei der Hand waren.

Zu den schärfsten Gegenspielern der Erzbischöfe gehörten die Grafen und Herzöge von Jülich, denen es gelang, im westlichen Bereich des Erzbistums mit dem Herzogtum Jülich einen Territorialstaat zu konstituieren. In der kriegerischen Auseinan-

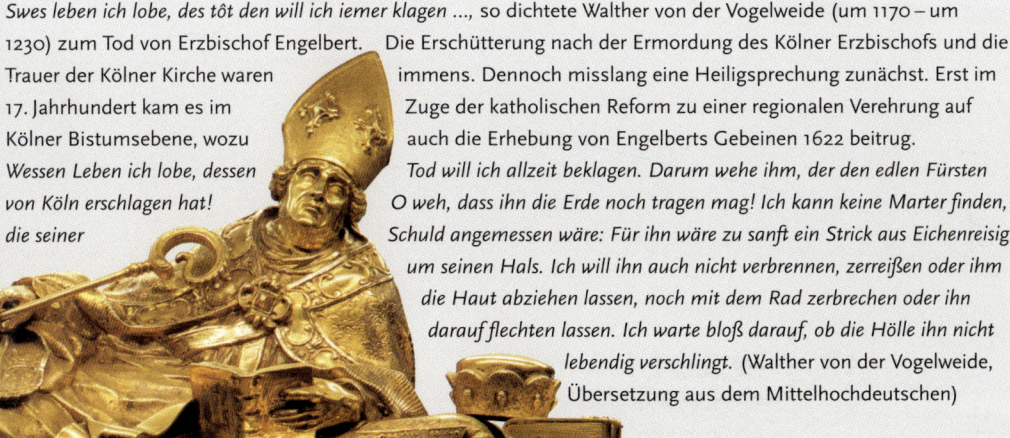

»Engelbertklage«

Swes leben ich lobe, des tôt den will ich iemer klagen ..., so dichtete Walther von der Vogelweide (um 1170 – um 1230) zum Tod von Erzbischof Engelbert. Die Erschütterung nach der Ermordung des Kölner Erzbischofs und die Trauer der Kölner Kirche waren immens. Dennoch misslang eine Heiligsprechung zunächst. Erst im 17. Jahrhundert kam es im Zuge der katholischen Reform zu einer regionalen Verehrung auf Kölner Bistumsebene, wozu auch die Erhebung von Engelberts Gebeinen 1622 beitrug.

Wessen Leben ich lobe, dessen Tod will ich allzeit beklagen. Darum wehe ihm, der den edlen Fürsten von Köln erschlagen hat! O weh, dass ihn die Erde noch tragen mag! Ich kann keine Marter finden, die seiner Schuld angemessen wäre: Für ihn wäre zu sanft ein Strick aus Eichenreisig um seinen Hals. Ich will ihn auch nicht verbrennen, zerreißen oder ihm die Haut abziehen lassen, noch mit dem Rad zerbrechen oder ihn darauf flechten lassen. Ich warte bloß darauf, ob die Hölle ihn nicht lebendig verschlingt. (Walther von der Vogelweide, Übersetzung aus dem Mittelhochdeutschen)

Erzbischof **Engelbert I.***; Engelbertschrein im Kölner Dom, 1633 (Detail)*

dersetzung mit dem Jülicher Grafen erfuhr Konrad von
Hochstaden, dessen Amtszeit den Höhepunkt weltlicher
Machtentfaltung der Kölner Erzbischöfe markiert, einen
herben Rückschlag am eigenen Leib: Im Februar 1242
fiel der Erzbischof bei Kämpfen unweit von Lechenich
seinem Lehnsmann, dem Jülicher Grafen Wilhelm IV. in
die Hände und musste neun Monate in Gefangenschaft
auf Burg Nideggen verbringen – »ohne Zweifel der Tiefpunkt der Regierung Konrads« (W. Janssen). Für seine
Freilassung musste Konrad dem Jülicher Grafen emp-
findliche Zugeständnisse machen.

Burg Nideggen *(Eifel), im 14. Jh. Residenz
der Markgrafen und Herzöge von Jülich*

DIE »KATASTROPHE« VON WORRINGEN

Am 5. Juni 1288 kam es zur Schlacht von Worringen, bei der sich Erzbischof Siegfried
von Westerburg zusammen mit seinen Verbündeten mächtigen Gegnern gegenüber-
sah, darunter seine ärgsten territorialpolitischen Konkurrenten wie die Grafen von
Berg, Mark und Jülich sowie Kölner Bürger. Dass die meisten Gegner des Erzbischofs
nominell zu dessen Vasallen zählten, zeigt nur die Brüchigkeit solcher vorterritorialer,
personaler Beziehungen. Der Anlass der Auseinandersetzung – es ging um die Nach-

folge im Herzogtum Limburg in den heutigen Niederlanden – ist
hier nicht relevant. Entscheidend waren die Folgen: Der Erzbischof
verlor nicht nur die Schlacht, sondern dauerhaft die Stadtherrschaft
über die eigene Bischofsstadt Köln, die zugleich die größte Stadt im
Reich und die drittgrößte Europas war. Mehr noch, mit Worringen
waren die Bemühungen der Erzbischöfe endgültig gescheitert, im
großen Bistumsgebiet flächendeckend ihre Landeshoheit durchzusetzen. Die Machtfülle der Erzbischöfe war nachhaltig eingetrübt,
auch wenn diese selbst noch lange an ihren Ansprüchen etwa auf die
Stadt Köln festhielten.

Aber auch jenseits solcher dramatischen Ereignisse stand der
jeweilige Erzbischof immer in einem dichten Geflecht unterschiedlicher Kräfte, die es sorgfältig auszutarieren galt: Da war das kompli-
zierte und höchst konfliktträchtige Verhältnis zu Kaiser und Papst,
aber auch zu den beiden anderen rheinischen Erzbischöfen von Trier

*Gefangennahme von Erzbischof Siegfried von Wes-
terburg (der weiße Wappenrock mit schwarzem
Kreuz ergibt das Erzbistumswappen) bei der
Schlacht von Worringen, Darstellung des 15. Jh.*

und Mainz, den Suffraganbischöfen, zum Domkapitel, zum sonstigen, insbesondere hohen Klerus im eigenen Bistum, auch zu den Stiften und Klöstern. In einem vielfältigen Geflecht von Macht, Beziehungen und Konflikten spielte sich die »Realpolitik« des Spätmittelalters ab. Wir dürfen uns unter den Kölner Erzbischöfen der Zeit keinesfalls absolute Herrscher vorstellen. Nicht einmal die ungestörte Verfolgung territorialpolitischer Ziele war den Amtsinhabern auf Dauer möglich.

DER KURFÜRST

Dennoch ist das Ergebnis beeindruckend: Am Ende der Entwicklung standen die Doppelfunktion der Kölner Diözesanherren als Erzbischöfe und Landesherren sowie der geistliche Amtssprengel des Erzbistums neben dem weltlichen Herrschaftsgebiet. Schon Ende des 12. Jahrhunderts taucht für das weltliche Territorium erstmals der Begriff *terra Coloniensis* (Kölner Land) auf. Aber auch im Rahmen der Reichsverfassung hatten die Kölner Erzbischöfe über das Krönungsrecht hinausgehend ihre Position noch einmal ausgebaut. Im 13. Jahrhundert bildete sich ein fest umrissener Kreis von sieben Fürsten des Reiches heraus, die das Recht hatten, den deutschen König zu wählen. Von vornherein gehörte der Kölner Erzbischof zu den Königswählern. Durch

Die **sieben Kurfürsten** (*Darstellung um 1340*), *jeweils kenntlich durch ihre Wappen. Die ersten drei sind die »geistlichen Kurfürsten«, die Erzbischöfe von Köln, Mainz und Trier.*

*Liegefigur des Erzbischofs **Konrad von Hochstaden** (Detail) auf seinem Grab im Kölner Dom, um 1261*

die »Goldene Bulle« von 1356
wurden dann die Modalitäten
der Königswahl endgültig
reichsrechtlich fixiert. Vom mittelhochdeutschen Wort *kur* für Wahl (vgl. neuhoch-
deutsch »Kür« und »küren«) leitet sich die Bezeichnung der Königswähler als Kurfürsten ab. Neben vier weltlichen Kurfürsten stellten die drei Erzbischöfe von Köln,
Trier und Mainz die drei geistlichen Kurfürsten, was im Übrigen noch einmal die Bedeutung der drei rheinischen Erzbistumssitze unterstreicht.

KONRAD VON HOCHSTADEN

Die Kölner Erzbischöfe als Landesherren, Kurfürsten,
Königskröner und Erzkanzler für Italien: welche Macht-
fülle! Wie kein Zweiter verkörperte dies Konrad von
Hochstaden, eine der schillerndsten Figuren auf dem
Erzstuhl, dem es im 13. Jahrhundert gelungen war, »ein
Herrschafts- und Machtgebäude zu errichten, das in
Deutschland seinesgleichen suchte« (W. Janssen).
Seine Amtszeit markiert daher den Höhepunkt weltlicher Machtentfaltung der Kölner Erzbischöfe. Noch vor
der Katastrophe von Worringen gelang es ihm als letz-
tem Erzbischof, die Autonomiebestrebungen der Kölner
Bürger abzuwehren und die Stadt unter seine Herrschaft zu zwingen, womit die noch ein paar Jahre zuvor
unter Vermittlung von Albertus Magnus ausgehandelten
Kompromisse zwischen Bürgern und Erzbischof hinfäl-
lig waren. Konrad wurde zum Totengräber des hochmit-
telalterlichen Kaisertums, indem er etwa 1247 noch vor
dem Tode des letzten staufischen Kaisers Friedrich II.
(1250) die Wahl Wilhelms von Holland zum Gegenkönig
betrieb. Der Erzbischof betätigte sich als »Königsma-
cher« von insgesamt drei Königen bzw. Gegenkönigen.

*»**Großer Schied**« (1258), mit dem Albertus
Magnus zwischen Stadt und Erzbischof von
Köln Frieden vermittelte; Aufnahme 2009
nach Bergung der Urkunde aus dem einge-
stürzten Kölner Stadtarchiv.*

Kölner Stadtansicht von Anton Woensam (1531),
hier Ausschnitt mit **unvollendetem Dom**

Der Kölner Dom

Am 15. August 1248 nahm Konrad von Hochstaden die Grundsteinlegung zum Bau des heutigen Kölner Doms vor, der an die Stelle des
karolingerzeitlichen Vorgängerbaus trat. Eigentlicher Bauherr des
Doms war allerdings nicht der Erzbischof, sondern das Domkapitel.
Angeregt hatte den Neubau des Doms Konrads Vorvorgänger Engelbert von Berg, der die Arbeiten auch finanziell unterstützen wollte.
Es waren die Reliquien der Heiligen Drei Könige sowie der Dreikönigenschrein, die dazu angeregt hatten, eine neue Kathedrale zu errichten, welche zu einer der bedeutendsten Wallfahrtskirchen der
Christenheit werden sollte. Zudem wollte das Domkapitel eine
»moderne« Kirche im »neuen«, gotischen Stil bauen. Der Kölner
Dom gilt als nahezu perfekte gotische Kathedrale.
Der Bau schritt zügig voran, sodass schon 1322 die feierliche Weihe
des Chores stattfinden konnte. Dann zogen sich die Arbeiten müh-
sam hin, bis sie um 1530 ganz eingestellt wurden. Immerhin war die
Grundfläche weitgehend bebaut und der Südturm ragte circa 56
Meter in die Höhe. Der Baukran blieb stehen und prägte bis zum
Weiterbau des Doms im 19. Jahrhundert die Kölner Stadtsilhouette.

ERZBISTUM UND KURSTAAT

Wie aber sahen die Gebiete von Erzbistum und Kurstaat aus? Beide Gebiete waren
keineswegs deckungsgleich, weil die Erzbischöfe und Kurfürsten eben nicht im
gesamten geistlichen Amtssprengel ihre Landeshoheit durchzusetzen vermochten.
Weder die Bischofsstadt Köln zählte zum Kurstaat, noch konnte eine territoriale Brücke zwischen dem rheinischen und dem westfälischen Gebiet auch nur ansatzweise
verwirklicht werden. In großen Gebieten der Diözese bestand realistisch nie der Hauch
einer Chance auf Durchsetzung der erzbischöflichen Landeshoheit. So machte der
Kurstaat nur gut ein Drittel der Fläche des Erzbistums aus, und es ergab sich nicht
einmal ein zusammenhängendes Gebiet. Der Kurstaat bestand im Wesentlichen aus:
1. dem rheinischen Teil, einem langen Schlauch vom Nieder- bis zum Mittelrhein,
2. dem Vest Recklinghausen und 3. dem sogenannten kölnischen Westfalen. An wenigen Stellen im Süden und im äußeren Osten reichte der Kurstaat gar über die Bistumsgrenze hinaus. Damit war beispielsweise für einen Bonner Bürger der Kölner Erzbischof

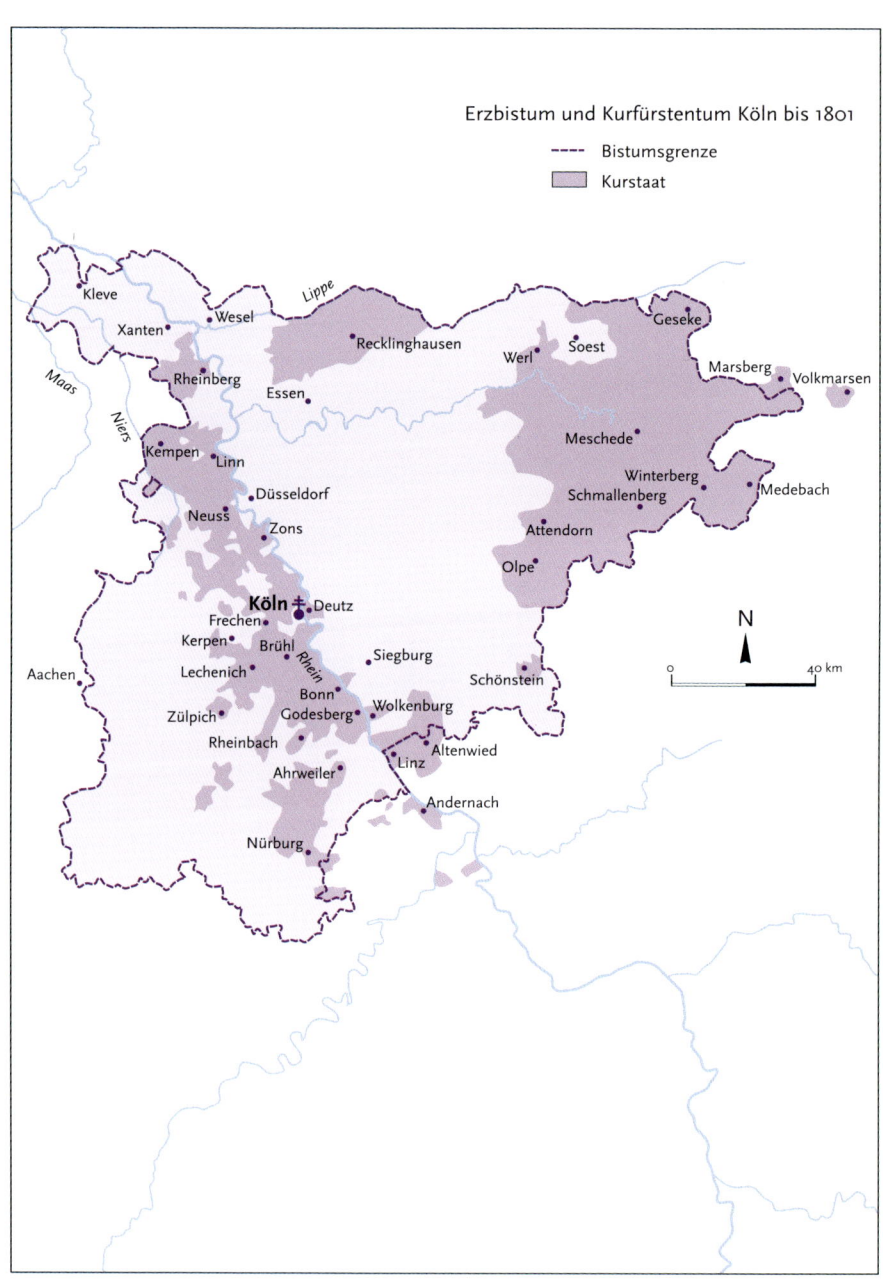

Erzbistum und Kurfürstentum Köln bis 1801

---- Bistumsgrenze

Kurstaat

Kleve

Xanten

Wesel

Lippe

Recklinghausen

Geseke

Soest

Werl

Marsberg

Volkmarsen

Maas

Rheinberg

Essen

Niers

Kempen

Linn

Meschede

Winterberg

Schmallenberg

Medebach

Düsseldorf

Neuss

Zons

Attendorn

Olpe

Köln ✝ Deutz

Frechen

N

Kerpen

Brühl

Rhein

Siegburg

Aachen

Lechenich

Schönstein

0   40 km

Zülpich

Bonn

Godesberg

Wolkenburg

Rheinbach

Altenwied

Linz

Ahrweiler

Andernach

Nürburg

sowohl geistliches Oberhaupt als auch Landes-
herr, für einen Jülicher Einwohner aber lediglich
Erzbischof. Wohnte man hingegen in Andernach,
wo die kurkölnische Landeshoheit über die Bistumsgrenze hinausging, dann war der Kölner Erzbischof ausschließlich der zuständige weltliche
Herrscher, während der Trierer Erzbischof das geistige
Oberhaupt war. Wie solche komplizierten Territorial- und Herrschafts-
verhältnisse zeigen, war die mittelalterliche Welt alles andere als uniform
oder strikt systematisch durchstrukturiert. Es ist jedenfalls beeindruckend,
dass der territoriale Flickenteppich des Kurstaats als Staatsgebilde vom
13. Jahrhundert bis in das Zeitalter der Französischen Revolution um
1800 mehr als ein halbes Jahrtausend Bestand hatte. Kurstaat und Erzbistum: Beide bilden den Bezugsrahmen für die Geschichte des Erzbistums
im Spätmittelalter und in der Frühen Neuzeit.

ERZBISCHÖFE UND KURFÜRSTEN IM SPÄTMITTELALTER

In den letzten beiden Jahrhunderten des Mittelalters betrieben die Erzbischöfe weiterhin und mit wechselnden Erfolgen Reichs- und – in Auseinandersetzung mit den rivalisierenden Mächten der Region – Territorialpolitik, bemühten sich aber auch durch die Etablierung von Verwaltungsstrukturen, das Land herrschaftlich zu durchdringen. Alles das
kann hier nicht im Detail nachgezeichnet werden. Fast alle Amtsinhaber waren weniger an kirchlich-geistlichen Fragen und mehr an
ihren politisch-weltlichen Amtsgeschäften interessiert, wurden
davon aber auch geradezu absorbiert. Eine Ausnahme war Heinrich
von Virneburg, der eine Vielzahl von Diözesansynoden sowie 1310 und
1322 Provinzialkonzilien (regionale Kirchenversammlungen) einberief,
deren strenge Bestimmungen keineswegs immer den Beifall des Klerus
fanden. Wie heute viele öffentliche Haushalte waren die Finanzen der Kölner Kirche einige Male ruiniert und mussten durch Schuldentilgung wieder
saniert werden, was fast modern anmutet. Insbesondere nach der fast 50-
jährigen Amtszeit des machthungrigen Dietrich von Moers ächzte der
Kurstaat unter der Schuldenlast; das Domkapitel musste sogar Geld auf-
nehmen, um Dietrich begraben zu lassen.

....
Gotischer **Bischofsstab***, um 1320,*
vermutlich zur Weihe des Kölner
Domchores geschaffen

HELFER UND BERATER
DES ERZBISCHOFS

PRIORENKOLLEG UND DOMKAPITEL

Qui praefuturus est omnibus, ab omnibus eligatur – Wer allen vorstehen wird, soll von allen gewählt werden: Nach diesem Satz aus einem Brief von Papst Leo dem Großen (440–461) war in der Frühzeit der Kirche die Wahl eines neuen Bischofs durch Klerus und Volk die Regel. Wie dies in den ersten Jahrhunderten des Bistums Köln vonstattenging, wissen wir nicht. Spätestens seit dem frühen Mittelalter war es aber mit der Wahl des Bischofs durch »Klerus und Volk« praktisch vorbei – bis heute. Zunächst wurde die Zustimmung des Königs ausschlaggebend für die Bischofswahl, was de facto zur Bestellung des Bischofs durch den Herrscher führte. Diese Phase beendete der Investiturstreit; 1100 wurde mit Friedrich von Schwarzenburg letztmalig ein Erzbischof allein vom Kaiser ausgesucht. Danach lag der entscheidende Einfluss bei der Bischofswahl zunächst beim Priorenkolleg, einem Kreis von hohen Klerikern, zu dem der Dompropst, der Domdekan, die Pröpste der stadtkölnischen Stifte sowie der Stifte von Bonn und Xanten und schließlich die Äbte von Deutz, Siegburg, St. Pantaleon und Groß St. Martin in Köln gehörten. Schon im 11. Jahrhundert hatte sich das Priorenkolleg auch zum maßgeblichen Beratungsgremium des Erzbischofs entwickelt. Obwohl personell teilweise deckungsgleich mit dem Kölner Domkapitel, ergab sich schon bald eine Konkurrenzsituation zu diesem. Das Domkapitel konnte sich letztlich durchsetzen und die Prioren entmachten; es wurde nach 1250 sowohl zum Wahlgremium des Erzbischofs als auch zu dessen mitbestimmendem Beraterkreis. So blieb es bis 1801, dem Ende des alten Erzbistums. Allerdings schränkten bei den einzelnen Erzbischofswahlen die Einflussnahme von Papst, Kaiser und anderen Mächten das Wahlrecht des Domkapitels bald mehr, bald weniger ein.

Wie die Erzbischöfe selbst entstammten die Prioren allesamt dem Adel. Seit dem 14. Jahrhundert war für die Kanoniker (Mitglieder eines Stiftes) des Domes sogar

Erzengel Michael (links) und Cherub (rechts), Emails vom **Schrein des hl. Maurinus** *(um 1170) in St. Pantaleon zu Köln, dessen Abt dem Priorenkolleg angehörte.*

eine exklusive hochadelige Abkunft gefordert. Nicht ohne Grund bezeichnete
man sie im 18. Jahrhundert auch als
»Domgrafen« – klangvolle Namen wie
Hohenzollern, Wittelsbacher, Habsbur-
ger und Fugger finden sich hier. Dieses
Postulat galt lediglich für acht (später
sieben) der 24 Domherren nicht, die
zum Empfang der Priesterweihe und
seit dem 15. Jahrhundert zu einem Uni-
versitätsstudium verpflichtet waren.
Wen wundert es, dass diese »Priesterkanoniker« das intellektuelle und politische Kraftzentrum des Domkapitels
bildeten, auch wenn sie in Ermange-

*So genannte **Ahnenprobe** des Joseph Graf von Manderscheid-Blankenheim für die Aufnahme in das Kölner Domkapitel, 1720. Die Ahnenprobe diente zum Nachweis der hochadeligen Herkunft.*

lung hochadeliger Herkunft nie selbst zum Erzbischof aufsteigen konnten? Die
»Domgrafen« hingegen waren nicht einmal verpflichtet, in Köln zu leben, weswegen
die meisten von ihnen außer etwa bei Bischofswahlen auch kaum je am Dom präsent
waren. Die fast ausschließliche Rekrutierung des hohen Klerus aus der Adelsschicht
macht jedenfalls deutlich, dass es sich bei der deutschen Kirche des Mittelalters und
der Frühen Neuzeit primär um eine vom Adel geführte Kirche handelte.

Das Domkapitel als Wahl- und Beratergremium des Erzbischofs: Dazu darf man
keine Vorstellungen von allzu großer Harmonie entwickeln, denn es ergaben sich
ständige Auseinandersetzungen zwischen Erzbischof und Kapitel. Das Domkapitel
wollte seine Eigenständigkeit bewahren und zum Mitregenten des Erzbistums empor-
steigen. Mal ging es darum, die landesherrlichen Aktivitäten der Erzbischöfe zu kontrollieren, dann um Finanzen und Verwaltung des Kurstaates oder um die Besetzung
der Ämter des Offizials, Generalvikars und Weihbischofs – dabei konnte sich das

Chorgestühl des Kölner Doms, *in dem die Domkanoniker das Chorgebet verrichteten. Anfang des 14. Jh. entstanden, gehört es mit 104 Sitzen zu den größten erhaltenen mittelalterlichen Chorgestühlen.*

Hildegard von Bingen empfängt eine göttliche Inspiration und gibt sie an ihren Schreiber weiter; Faksimile einer verschollenen Handschrift des 12. Jh.

Eine prominente Kritikerin: Hildegard von Bingen

Die Verweltlichung und die mangelnde Vorbildlichkeit des hohen Klerus riefen freilich Kritiker auf den Plan. Insbesondere eine Frau, die Benediktinerin und Mystikerin Hildegard von Bingen (1098–1179), nahm dabei kein Blatt vor den Mund, so etwa 1163 in einem Brief an den Klerus von Köln: *Ihr seid Nacht, die Finsternis aushaucht ... Wegen eures ekelhaften Reichtums und Geizes sowie anderer Eitelkeiten unterweist ihr eure Untergebenen nicht und gestattet nicht, dass sie bei euch Belehrung suchen, indem ihr sprecht: ›Wir können unmöglich alles schaffen‹ ... Ihr solltet eine Feuersäule sein, den Menschen vorausziehen und sie aufrufen, gute Werke zu tun.* Erzbischof Philipp von Heinsberg, der mit der hl. Hildegard in Kontakt stand, sah selbst ein: *Von den Wirbeln und Stürmen weltlicher Angelegenheiten werden wir täglich verwirrt.* Kurzum, je mehr sich die Erzbischöfe für Kaiser, Reich und später als Landesherren engagierten, desto mehr blieben geistliche Amtspflichten wie Predigt – das ist neben spiritueller Wegweisung bei Hildegard mit Unterweisung und Belehrung gemeint – und bischöfliche Weihehandlungen zwangsläufig auf der Strecke. Die räumlich ausgedehnte Diözese tat ein Übriges dazu, vor allem angesichts der damaligen Verkehrsverhältnisse. Aus heutiger Sicht standen die Erzbischöfe unter Dauerstress.

Domkapitel langfristig durchsetzen –, ab dem 16. Jahrhundert schließlich um die katholische Reform und die Katholizität der Erzbischöfe. Um seine Interessen wirksam durchzusetzen, wendete wie in anderen Bistümern auch in Köln das Domkapitel seit 1366 das für die Erzbischöfe höchst unangenehme Instrument der Wahlkapitulation an. Das waren schriftliche Vereinbarungen mit vielen detaillierten Klauseln, auf die sich ein Kandidat vor seiner Wahl zum Erzbischof verpflichten musste. Auch beim Domkapitel kam es zu der für die Vormoderne so charakteristischen Vermischung von geistlicher und weltlich-staatlicher Sphäre, denn als sich im 15. Jahrhundert auch Kurköln zum Ständestaat entwickelte, etablierte sich das Domkapitel neben dem hohen Adel, der Ritterschaft und den Städten als Erster Landstand. Bei den Landstän-

*Johannes Gropper (1503–1559), einer der profiliertesten Kölner Dom-
herren, trug während des Reformationsversuchs Hermanns von Wied
(siehe S. 94) mit seinem theologischen, publizistischen und kirchenpolitischen Wirken entscheidend dazu bei, dass das Erzbistum katholisch blieb;
dargestellt als Kardinal, 1559.*

den handelte es sich um die politischen Vertretungen
des Domkapitels, der Grafen, der Ritter und der Städte
im Kurstaat, die zusammen den Landtag bildeten. Als
es 1546 und 1583 gleich zweimal zu Versuchen kam, das
Erzbistum dem Protestantismus zuzuführen, war es der
entschiedene Widerstand des Domkapitels, der dies erfolgreich verhinderte.

OFFIZIAL, WEIHBISCHOF, GENERALVIKAR

Im 13. Jahrhundert übernahmen zunächst fremde, etwa aus dem Baltikum vertriebene
Bischöfe oder in den 1260er- und 1270er-Jahren Albertus Magnus fallweise bischöfliche Weiheaufgaben in der Diözese. Dann aber begann eine Entwicklung, an deren
Ende die drei neuen Ämter des Offizials, Weihbischofs und Generalvikars als feste
Dauereinrichtungen für die Vertretung des Erzbischofs standen: geistliche Beamte,
die dem Erzbischof als Dienstherren unterstanden, von ihm ein Gehalt empfingen und
auch wieder abberufen werden konnten. Amtsinhaber waren Geistliche, die nicht
zwangsläufig dem Adel entstammten, jedenfalls aufgrund von Ausbildung und Stu-
dium aber fachlich geeignet waren. In der mittelalterlichen Welt verkörperten diese
drei Ämter typologisch etwas vollkommen Neues, handelte es sich doch weder um
Lehen, noch um kirchliche Pfründen oder Wahlämter, die immer die Gefahr einer Ver-
selbstständigung boten. Letztlich liegen hier die Wurzeln moderner Verwaltung; es begann eine allmähliche Verrechtlichung, Bürokratisierung und Institutionalisierung –

nicht nur im kirchlichen Umfeld. Dies traf
auf eine im Spätmittelalter sich insgesamt verdichtende Lebenswelt. Daher gab
es ähnliche Entwicklungen auch in den
entstehenden Territorialstaaten der Zeit,
doch wies der kirchliche Bereich einen
deutlichen zeitlichen Vorsprung auf.

*Urkunde über die **Öffnung des Evergislusschrein** in
St. Cäcilien, Köln, durch **Albertus Magnus**, 1270*

Als erstes ist für 1252 das Amt des Offizials belegt, der als Richter in allen juristischen Auseinandersetzungen urteilte, bei denen es sich nach damaligem Verständnis um geistliche Angelegenheiten handelte. Seine Bezeichnung (lat. *officialis:* Beamter) unterstreicht nachdrücklich den Charakter dieser neuen Ämter. Wer der erste ständige Weihbischof war, ist nicht recht klar. Ab den 1280er- oder 1290er-Jahren war er jedenfalls für die einem Bischof vorbehaltenen Weihen etwa von Priestern, Glocken, Kirchen und Altären sowie die Erteilung der Firmung zuständig. Damals kam der bis heute übliche Brauch auf, einen Weihbischof auf den Titel eines untergegangenen Bistums (Titularbistum) irgendwo in der christlichen Welt zu beziehen, da jeder Bischof auf den Namen einer Diözese geweiht wird. Das jüngste Amt wurde später zu einem besonders gewichtigen: Erst 1374 ist der erste Generalvikar (lat. *vicarius generalis in spiritualibus,* genereller Stellvertreter in geistlichen Dingen) belegt, der den Erzbischöfen die allgemeinen kirchlichen Verwaltungsaufgaben abnahm.

BÜROKRATIE AUCH IN DER KIRCHE

Mit diesen drei Ämtern war die Entwicklung keineswegs abgeschlossen. Zunächst kam es beim Offizial schon im 14. Jahrhundert zur Entwicklung einer durchorganisierten Behörde, später auch beim Generalvikar. Beide Beamte wurden so zu Leitern eines Verwaltungsapparates. Das Offizialat als geistliches Gericht umfasste schon 1435 mehr als 40 Bedienstete. Daneben gab es seit dieser Zeit für den westfälischen Teil des Erzbistums sogar ein eigenes Offizialat, das sich seit 1450 in Werl befand. Das Generalvikariat entwickelte sich erst im 17. Jahrhundert zur stabilen Behörde, doch muss man sich dabei einen äußerst bescheidenen Apparat von nicht einmal zehn Personen vorstellen. Begrifflich wurden alle drei Ämter mitsamt den sich herausbildenden Behörden seit dem 13. Jahrhundert unter dem Begriff *curia episcopalis* (bischöfliche Kurie) zusammengefasst. Anders als die Erzbischöfe, die Köln nach der Schlacht von Worringen ja verlassen hatten, blieb die bischöfliche Kurie in Köln. Vor allem im 17. Jahrhundert entstanden zwischen den drei Ämtern Kompetenzstreitigkeiten, aus denen der Generalvikar gestärkt her-

Der frühere erzbischöfliche Palast am Domhof in Köln, seit dem Spätmittelalter Sitz des **Offizialates***, um 1670*

Fragebogen (»Frag-Stück«) *für Brautleute, um die* **Zulässigkeit der Eheschließung** *zu überprüfen, 1769. Dass es sich um einen Vordruck handelt, verdeutlicht die Professionalisierung der kirchlichen Verwaltung.*

vorging und dem etwa das Visitations-
recht zugesprochen wurde.

    In diesen Entwicklungen liegen
die Anfänge bis heute gültiger Strukturen nicht nur im kirchlichen Bereich. Die
Ämter des Generalvikars als »alter ego«
des Erzbischofs, des Weihbischofs und
Offizials mitsamt ihren vielfach unver-
änderten Zuständigkeiten existieren bis
in die Gegenwart, auch wenn sich die
Gewichte noch einmal deutlich zugunsten des Generalvikariates verlagert haben.
Dabei sind Vorbehalte gegen die Kölner
kirchliche Bürokratie wohl zeitlos, denn

Generalvikariatsprotokoll 1784, *in dem die zahlreichen, in diesem Jahr*
vom Generalvikar vorgenommenen Amtshandlungen vermerkt wurden;
hier aufgeschlagen der Anhang mit Schreiben und Anlagen.

schon 1499 meinte der Jülicher Landdechant, ihn *vervolgen die gesellen zo Colne.*

    Unterm Strich wird man Pauschalurteile über eine verweltlichte Kirche und die
Kritik an der deutschen Adelskirche differenzieren müssen: Im Domkapitel kamen die
Priesterkanoniker den gottesdienstlichen Pflichten am Dom nach. Diese Männer

waren hoch gebildete Fachleute und
Verwaltungsspezialisten. Gleiches
gilt für die Weihbischöfe, Offiziale
und Generalvikare, die meist aus
den Reihen der Priesterkanoniker
kamen. Alle drei Ämter sorgten für
Kontinuität und Funktionieren der
geistlichen Verwaltung und vermochten auf diese Weise manches Versa-
gen der Erzbischöfe auszugleichen.
Seit dem 16. Jahrhundert waren sie
in konfessioneller Hinsicht verlässli-
che Stützen und trugen durch die
Unterstützung von Reformen mit
dazu bei, die Kölner Kirche voranzu-
bringen.

Generalvikar Johannes von Swolgen
auf dem Totenbett, 1592

DIE RHEINISCHE STIFTS- UND KLOSTERLANDSCHAFT

KLOSTER UND STIFT

Schon im frühen Christentum besaß klösterliches Leben in Einsiedeleien und zurück-gezogener Gemeinschaft eine große Anziehungskraft. Die Anfänge des Mönchtums liegen im Vorderen Orient des 4. Jahrhunderts. Bald schon wurden schriftlich fixierte Regeln zur Grundlage von monastischen Gemeinschaften, wobei vor allem die vom hl. Benedikt von Nursia (um 480–547) entwickelte Benediktinerregel in unterschied-lichen Rezeptionen das Klosterwesen der folgenden Jahrhunderte auch im Erzbistum Köln nachhaltig prägte. Wichtige Aspekte dieser Regel waren neben der Ortsgebun-denheit der Mitglieder *(stabilitas loci)* die einheitliche Lebensweise und Ordenslei-dung, ferner die durch Gelübde verpflich-tende Ehelosigkeit, persönliche Armut und der Gehorsam gegenüber dem Abt. Neben dem Kloster entwickelte sich im frühen Mittelalter als weitere Form gemeinschaft-lichen geistlichen Lebens das Stift: ein Kol-legium von Kanonikern oder Stiftsherren bzw. Kanonissen oder Stiftsdamen, deren Hauptaufgabe die Wahrnehmung des Got-tesdienstes und des Chorgebetes an der Stiftskirche war und die aus dem Stiftungs-vermögen dieser Kirche ohne Gelübde – dadurch waren auch Privatbesitz und sogar ein Austritt möglich – nach eigenen

Gerresheim, St. Margareta, 1236 geweiht; das **Damenstift Gerresheim** *bestand vom Ende des 9. Jh. bis 1803.*

Westbau des Essener Doms, um 1000; das **Damenstift Essen** *bestand von um 850 bis 1803.*

Regeln lebten. Auch wenn die Aachener Synode von 816 klar zwischen Benediktiner-
klöstern und Kanoniker- bzw. Kanonissenstiften unterschied, lassen sich bis ins Hochmittelalter im konkreten Einzelfall beide Formen oft nicht deutlich voneinander unterscheiden. Zudem entwickelten sich Klöster oft zu Stiften.

Die Mitglieder der Stifte übernahmen neben den oft glanzvoll gestalteten Gottesdiensten meist weitere Aufgaben im Bereich der Seelsorge, an Universitäten, in
landesherrlichen Verwaltungen sowie in politischen und juristischen Angelegenheiten.
Wegen dieser vielfältigen Außenbeziehungen und ihrer meist zentralen Lage – oft
wurden sie, wie im Fall von Bonn, Xanten, Essen und Münstereifel zu Keimzellen für
Siedlungen oder gar Städte – waren die Stifte wichtige »Stätten der Begegnung von
Kirche und Welt« (P. Moraw). Die meisten Stifte, aber auch die bedeutenderen Bene-
diktinerklöster waren mit reichem Grundbesitz und nutzbaren Rechten ausgestattet.
Aus der Rückschau erscheinen solche Besitzanhäufungen, wie sie ja auch die Kölner
Oberhirten schon vor der Jahrtausendwende betrieben, als unvereinbar mit christlichen
Idealen. Allerdings waren vor allem für die Zeit bis zum späten Mittelalter und in einer
vorwiegend auf landwirtschaftlichen Erträgen aus Grundbesitz basierenden Agrarwirt-
schaft die Bereiche, denen sich die geistlichen Gemeinschaften widmeten, im hohem

Maße abhängig von solchen Besitztümern.
Dies gilt für kulturelle Leistungen einschließlich der Sicherung des Totengedenkens, aber
auch für Schule, Krankenpflege und Armen-
wesen. Gleichwohl regte sich seit der Frühen
Neuzeit und insbesondere im 18. Jahrhundert
Kritik wegen des Reichtums von Klöstern und
insbesondere der Stifte, ferner wegen Pfrün-
denanhäufungen (gleichzeitiger Besitz mehrerer Kanonikate durch einen Stiftsherren)
sowie wegen bloß unterstelltem bzw. tatsäch-
lichem wirtschaftlichem oder geistigem Niedergang der geistlichen Institute. Tatsächlich
waren die mehr als 15 im Erzbistum gelege-
nen Kanonissenstifte schon vor dem Ende
des Mittelalters weitgehend zu Versorgungs-
stätten für unverheiratete Frauen aus Adel
oder Bürgertum geworden. Spirituelle Impulse gingen von ihnen nicht aus.

Westbau von St. Chrysanthus und Daria in
Bad Münstereifel, 12. Jh.; das **Kanonikerstift**
Münstereifel *bestand von um 830 bis 1802.*

Chorgestühl im Neusser Münster, *in dem die Stiftsdamen und Kanoniker bei Chorgebet und Gottesdiensten saßen. Ursprünglich war das Gestühl in geraden Reihen angeordnet.*

Spätromanischer Chor des Neusser Münsters; das **Damenstift Neuss** *bestand von um 950 bis 1802.*

GEISTLICHE GEMEINSCHAFTEN

Die älteste eindeutig belegte geistliche Gemeinschaft im Bereich des Erzbistums Köln ist das 691/92 erstmals erwähnte Bonner Cassiusstift, angesiedelt am heutigen Bonner Münster, von dessen Ursprüngen bereits die Rede war. Auch das Kölner Domstift dürfte bereits im 7. Jahrhundert bestanden haben. Das älteste Kloster der Diözese war die um 695 gegründete Benediktinerabtei Kaiserswerth, die später in ein Stift umgewandelt wurde. Bei dem um 850 gegründeten späteren Stift Essen handelt es sich um die älteste geistliche Gemeinschaft für Frauen im Erzbistum. Aus diesen Anfängen entwickelte sich im Rheinland bis zur Säkularisation 1802/03 eine reichhaltige Stifts- und Klosterlandschaft im Sinne eines Verdichtungsraums von zahlenmäßig vielen und zudem oft bedeutenden geistlichen Gemeinschaften. Dieser Raum deckt sich allerdings nicht mit dem Bistumsgebiet, sondern reicht auf der Rheinschiene bzw. westlich des Rheins bis in die Gebiete der Erzbistümer Trier und Mainz. Hingegen waren schon im Bergischen Land, dann auch in den westfälischen Gebieten des Bistums vergleichs-

weise wenige Stifte und Klöster beheimatet. Insbesondere in Städten siedelten sich
geistliche Gemeinschaften konzentriert an; so bestanden bis zur Säkularisation mehr
als zehn Klöster und Stifte in den Städten Duisburg, Düren, Wesel, Neuss, Düsseldorf
und Bonn. An der Spitze lag das »Heilige Köln« mit mehr als 70 Gemeinschaften.

ENTWICKLUNGEN UND REFORMEN

Auch im Erzbistum Köln ist die Geschichte der geistlichen Gemeinschaften geprägt
von mehreren Wellen neuer klösterlicher Lebensformen und Reformbewegungen.
Mehr als Erzbischof und Domkapitel, die vor allem am Ausbau der eigenen Machtpo-
sition interessiert waren, verkörpern solche Reformbewegungen ein dynamisches und
zugleich unverzichtbares Element der Geschichte einer Kirche, die sich immer wieder
erneuern muss und reformbedürftig ist – gemäß der einprägsamen Formel des
17. Jahrhunderts von der *ecclesia semper reformanda*. Überhaupt sah man im Kloster-
leben eine Möglichkeit, ein wahrhaft christliches Leben zu führen. Von den geistlichen Gemeinschaften gingen die nachhaltigsten Impulse aus, die mittelalterliche
Gesellschaft mit christlichen Werten und Handlungsweisen zu durchdringen.

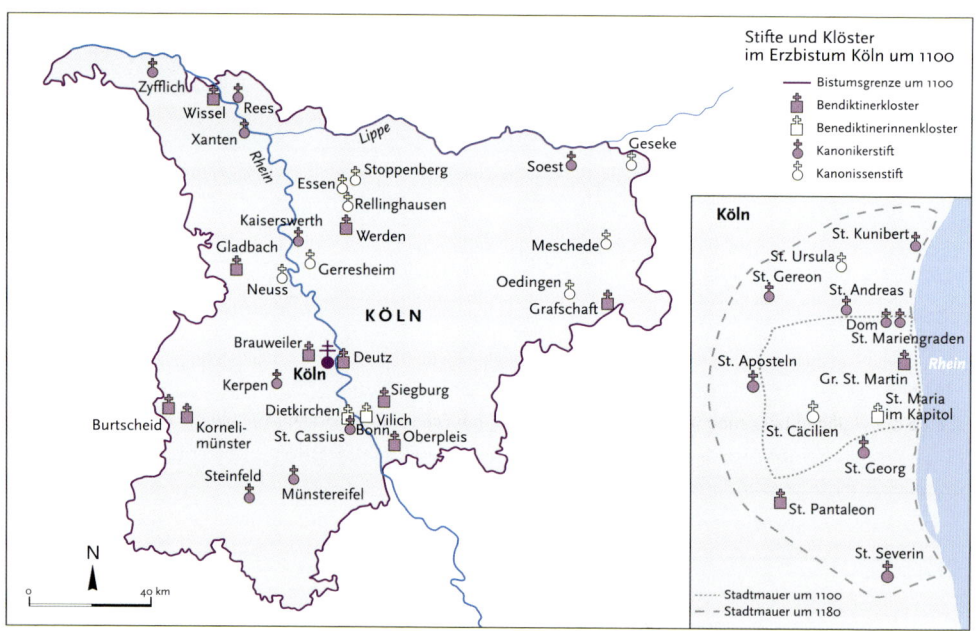

Eine der genannten Reformbewegungen hatte ihren Ursprung in der burgundischen Abtei Cluny. Ihre Ideale wirkten indirekt auf die monastische Formung der 1064 von Erzbischof Anno II. gegründeten Abtei Siegburg, die so selbst Ausgangspunkt einer »Siegburger Klosterreform« wurde. Wichtige Reformorden waren die Zisterzienser (gegründet 1098) sowie die spätmittelalterlichen Bettelorden der Dominikaner, Franziskaner, Augustiner-Eremiten und Karmeliter. Sie alle unterhielten im Kölner Bistumssprengel nicht nur große Gemeinschaften, sondern teilweise auch die ersten Konvente im deutschsprachigen Raum überhaupt, wie die Zisterzienser in Kamp (1122 oder 1123) und die Karmeliter in Köln (1256). Hier liegt auch die Heimat des hl. Norbert von Xanten († 1134), dem Gründer des Prämonstratenserordens. Bereits seit dem 13. Jahrhundert sind auch für die von den Niederlanden ausgehende Beginenbewegung viele Niederlassungen am Rhein nachweisbar. Bei den Beginen handelte es sich um Gemeinschaften frommer Frauen, die ohne Ordensregel lebten und deren Konvente bisweilen nur wenige Jahre oder Jahrzehnte bestanden. Alleine in Köln sind um 1350 rund 100 Beginenkonvente mit circa 1.200 Mitgliedern nachweisbar. Der im 12. Jahrhundert entstandene Kartäuserorden fasste mit der 1334 gegründeten Kölner

Moderner Abdruck des **2. Kölner Stadtsiegels,** *1268/1269 mit der Umschrift »Sancta Colonia Dei gratia Romanae ecclesiae fidelis filia« (Heiliges Köln, von Gottes Gnade der römischen Kirche treue Tochter).*

»Sancta Colonia« – das Heilige Köln

Man sagt gemeinhin, in Köln gebe es so viele Kirchen wie Tage im Jahr, überliefert schon für 1579 ein bis heute verbreitetes Bonmot. Tatsächlich kamen zu den mehr als 70 Stiften und Klöstern noch 19 Pfarreien, mehr als 150 Konvente von Begarden und Beginen sowie unzählige Kapellen und Hauskapellen. Von den unterschiedlichen Orden und Ausrichtungen klösterlichen Lebens waren fast alle mit einem Kloster oder einer Niederlassung in Köln vertreten. Die fortdauernde Heiligkeit Kölns garantierten, auch nachdem die Erzbischöfe die Stadt verlassen hatten, nicht nur die geistlichen Institutionen. Fast noch wichtiger waren Vielzahl und Qualität der Reliquien, der Heiltümer, die Köln in seinen Mauern barg. Auf diese Weise galten die Heiligen selbst als in Köln anwesend und bildeten einen starken Schutz für die Stadt. Manche von ihnen wurden als Stadtpatrone verehrt.

Die Gebeine der Heiligen barg man in wertvollen Schreinen, die wiederum in prächtigen Gotteshäusern aufgestellt wurden. Diese verliehen dem *hilligen Coellen* sichtbaren Ausdruck und erinnerten gleichzeitig an das Himmlische Jerusalem – ein Bild, das mit der seit 1179/1180 errichteten mächtigen Stadtmauer noch kräftiger wirkte. Auch die beiden ersten im 12. Jahrhundert und 1268/69 entstandenen Kölner Stadtsiegel werden mit ihrer Umschrift, dem hl. Petrus als Schutzpatron Kölns und dem Architekturrahmen bei den Zeitgenossen die Vorstellung von Köln als zweitem Rom sowie als Abbild des Himmlischen Jerusalems hervorgerufen haben. Schließlich inszenierte die Stadtgesellschaft die Heiligkeit der Stadt durch die Verehrung der Reliquien, Stationsgottesdienste und Prozessionen.

Die seit dem frühen 10. Jahrhundert geprägten **Münzen mit der Aufschrift »Sancta Colonia«** *gehören zu den frühesten Zeugnissen des Heiligen Kölns und trugen die anspruchsvolle Devise als Fernhandelsmünzen in weite Teile Europas.*

Inneres der **Maxkirche in Düsseldorf***, 1662–1666. Die heutige Pfarrkirche
diente dem 1651 gegründeten Franziskanerkonvent als Gotteshaus.*

Kartause hingegen erst spät Fuß im Erzbistum. Ebenfalls vom niederländischen Raum
aus verbreitete sich im 15. Jahrhundert die *Devotio moderna,* deren Anhänger ein einfa-
ches Leben in Kontemplation und Gebet führen wollten. Auch diese Frömmigkeitsbe-
wegung führte zu Neugründungen von Klöstern oder zur Reformierung bestehender
Konvente. Bei fast allen Orden gab es auch weibliche Zweige, wobei insbesondere im
15. Jahrhundert die Zahl der Frauenklöster enorm anwuchs.

Ungeachtet aller Reformen hatten schon im Spätmittelalter, vor allem aber im
Jahrhundert der Reformation längst nicht alle, aber doch viele Klöster mit wirtschaftlichem Niedergang und innerem Verfall zu kämpfen. Gleichwohl wurden manche Klöster und sogar Stifte zu wichtigen Impulsgebern und Mitträgern der katholischen Konfessionsbildung. Von den neuen, in nachreformatorischer Zeit entstandenen Orden
gründeten die Jesuiten 1544 und die Ursulinen 1639 jeweils in Köln ihre ersten Niederlassungen im deutschen Raum. Auch die Kapuziner und ebenso die bereits länger bestehenden Orden, vor allem die Franziskaner, errichteten neue Konvente, sodass das

Die Kölner Jesuitenkirche **St. Mariä Himmelfahrt**, *1618–1629, Ausstattung 17. Jh.*

Jesuiten

Der wichtigste Orden für die katholische Konfessionsbildung waren die Jesuiten, die außer in Köln auch in Bonn (1590), Neuss (1591), Düsseldorf (1619), Münstereifel (1625) und Düren (1628), also in den größeren Städten, Niederlassungen gründeten. Zur Ausbreitung und Festigung des Glaubens betrieben die straff organisierten Jesuiten intensive Seelsorge durch Predigt und Beichte, aber auch in neuen Formen wie Exerzitien, Volksmissionen sowie Marianischen Kongregationen, das heißt Bruderschaften, die klar nach Lebens- und Berufsständen gegliedert waren – erstmals in der Seelsorge also eine Unterscheidung nach »Zielgruppen«! Insbesondere durch die an allen genannten Jesuitenniederlassungen gegründeten Gymnasien – durchweg bedeutende und pädagogisch innovative Schul- und Bildungsanstalten – erhielten die Ordensleute einen prägenden Einfluss auf die späteren Führungsschichten. Gute Beziehungen pflegten die Jesuiten zum päpstlichen Nuntius sowie als Beichtväter zu den Kurfürsten, was ihnen einiges Misstrauen und Neid einbrachte.

17. Jahrhundert dasjenige mit den meisten Klostergründungen im Rheinland war. In Düren etwa wurden sechs von elf geistlichen Gemeinschaften im 16. und 17. Jahrhundert gegründet.

PFARREIEN

Seit vielen Jahrhunderten, und das bis heute, spielt sich für die überwiegende Zahl der Gläubigen das kirchliche Leben im Rahmen der örtlichen Pfarrei ab. Außer der Pfarrorganisation hat sich im Erzbistum Köln kein anderes strukturelles Element weitgehend ungestört von epochalen Umbrüchen der Reformation und insbesondere der Säkularisation in einer langen Linie derart kontinuierlich entwickeln können. Von den Anfängen bis zur letzten Jahrtausendwende kam es, wenn auch in unterschiedlichen Wellen, zu einem stetigen Anwachsen der Zahl von Pfarreien und damit zu einer Verdichtung des Pfarrnetzes. Erst danach setzte mit der Zusammenlegung von Pfarrgemeinden die Umkehrung dieses Prozesses ein, was die Radikalität der jüngsten Entwicklung verdeutlicht.

Bruchhausen, *Pfarrkirche St. Johann Baptist, 13.–16. Jh.*

DIE ANFÄNGE: URPFARREIEN UND ZEHNTRECHT

Mit dem Vordringen des Christentums in ländliche Gebiete ab dem 6. Jahrhundert entstanden dort erste Seelsorgekirchen, für die sich schemenhaft Einflussgebiete erkennen lassen. Die Forschung spricht hier von »Urpfarreien«. Das Gebiet der Zülpicher Urpfarrei St. Peter etwa reichte bis tief in die Eifel. Von Pfarreien mit einem fest umschriebenen Gebiet, dem Pfarrbezirk, kann man erst um 800 sprechen. Voraussetzung war die Einführung des Zehnten, der im Frankenreich des 8. Jahrhunderts wie eine steuerliche Abgabe verpflichtend wurde. Schon im frühen Christentum zur Finanzierung von Kirchengebäuden,

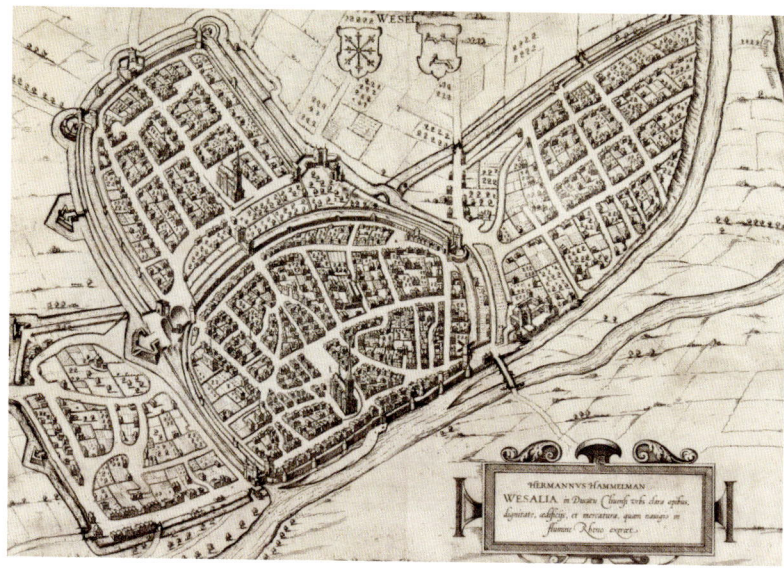

*Die Stadt **Wesel** aus der Vogelschau (1588); gut erkennbar ist die 1428/29 in der Vorstadt Mathena errichtete zweite Pfarrkirche.*

Geistlichen und zum Unterhalt von Armen gefordert, handelt es sich bei dem Zehnt um eine Abgabe in Naturalien. Von Getreide, Früchten, Vieh und anderen Erträgen war (ursprünglich) der zehnte Teil fällig. Die Erhebung des nunmehr verpflichtenden Zehnten setzte eine klare, flächendeckende Einteilung von Pfarrbezirken voraus, aus der dann pastorale Zuordnungen wurden. Schon bald gaben die Eigenkirchenherren Zehnteinkünfte wie Vermögensobjekte weiter, sodass der Zehnt zwar fast ein Jahrtausend Bestand hatte, aber ab 1200 kaum noch der jeweiligen Pfarrkirche zugutekam.

DAS EIGENKIRCHEN- UND PATRONATSWESEN — EIN UNWESEN

Dem Eigenkirchenherrn gehörte die Pfarrkirche mitsamt finanzieller Ausstattung der Pfarrstelle; er musste für den baulichen Unterhalt der Kirche sorgen, hatte das Recht zur Besetzung der Pfarrstelle und großen Einfluss auf alle vermögensrechtlichen Fragen. Der Kirchenreform des 11./12. Jahrhunderts gelang es, den Einfluss der Eigenkirchenherren zu reduzieren. Sie wurden formal zu Patronatsherren, deren wichtigstes Recht die Pfarrerernennung war. Dies blieb bis zur Säkularisation für den weitaus größten Teil der Pfarrkirchen im Erzbistum die Regel. Als Patronatsherren traten adelige Laien und Landesherren ebenso auf wie Stifte und Klöster. Diese wurden im hohen Mittel-

Pfarrkirche Kriel, St. Stephan (heute Köln-Lindenthal), sogenanntes **»Krieler Dömchen«**, *10.–13. Jh., mit altem Friedhof davor*

alter oft de iure selbst, als juristische Person, zu Pfarrern ihrer Patronatskirchen und schickten aus dem Kreis der Stiftsherren oder Mönche einen (absetzbaren) Priester, der oft genug mehr Interesse an den Einkünften als an der Seelsorge hatte. Auch sonst übten die von den Patronatsherren eingesetzten Pfarrer – sie besaßen häufig mehrere Pfründen an Stiften und Pfarreien gleichzeitig – keineswegs immer selbst die Seelsorge aus, sondern lebten von den Stelleneinkünften und stellten ihrerseits wieder einen »Mietpriester« an – oft die eigentlichen »Leutpriester« oder »Plebane« (von lat. *plebs:* Volk).

Die Konsequenzen und gravierenden Unterschiede zu heutigen Verhältnissen liegen auf der Hand. Die meisten Pfarrkirchen im Erzbistum waren der Verfügungsgewalt des Erzbischofs entzogen, der weder Einfluss auf die Auswahl der Seelsorger hatte noch Stellen besetzen konnte. Er war in der Wahrnehmung der obersten Seelsorgeleitung ebenso blockiert wie etwa der Generalvikar oder Weihbischof. Das störte kaum jemanden, solange das Interesse insbesondere der Erzbischöfe an der Seelsorge eher gering war. Im Zeitalter der katholischen Reform wurden diese Rechtsverhältnisse allerdings zunehmend als Problem erkannt. Eine grundlegende pastorale Planung war angesichts solcher Rahmenbedingungen unmöglich: Im 18. Jahrhundert konnte der Kölner Erzbischof von den 900 bis 1.000 Seelsorgeeinheiten des Bistums lediglich 40 Pfarrstellen frei besetzen. Hingegen besaßen etwa die Abtei Deutz um 1200 und das Bonner Cassiusstift 1131 jeweils 30 Pfarrkirchen.

Pfarrerwahlrecht

Lediglich eine Spielart des Patronatsrechts stellt das modern anmutende Pfarrerwahlrecht dar, das selbstbewusste Bürger von circa 18 vor allem städtischen Pfarreien im hohen und späten Mittelalter erstritten. Es handelte sich indessen um alles andere als demokratische Wahlen im heutigen Sinne, schon weil die Masse der Pfarrangehörigen von der Pfarrerbestellung ausgenommen war, die vielmehr der reichen bürgerlichen Führungsschicht vorbehalten war. Gleichwohl erhalten hier gängige Kirchen- und Mittelalterbilder einen vielleicht ungewohnten Farbton, und zudem haben wir es mit einer der tiefen Wurzeln moderner Wahlverfahren zu tun. Die weit zurückreichende Vorgeschichte unserer demokratischen Kultur liegt nicht zuletzt auch im kirchlichen Bereich!

DIE PFARRSTRUKTUREN IM ERZBISTUM

Wie gestaltete sich das Pfarrnetz im Erzbistum Köln? Erst für die Zeit um 1300 *(siehe Karte Buchdeckel vorne)* können wir uns ein flächendeckendes Bild machen. Demnach bestanden seinerzeit rund 780 Pfarrkirchen, davon allerdings nur etwa 175 im dünner besiedelten westfälischen Teil, der noch im Frühmittelalter Missionsgebiet war. Im gesamten Erzbistum lebten seinerzeit rund 640.000 Menschen – heute auf gleicher Fläche im Übrigen rund 14 Millionen. Die Zahl von durchschnittlich circa 820 Katholiken je Pfarrei ist jedoch kaum aussagekräftig, denn die Verhältnisse differierten im Einzelnen sehr. Während die Kölner Stadtpfarrei St. Kolumba 1425 um die 6.000–8.000 Pfarrmitglieder zählte, bestanden im Eifeldorf Berg bei Floisdorf zeitweise sogar zwei Pfarreien mit jeweils nur 30 bzw. 24 erwachsenen Pfarrmitgliedern. Mehr als eine Pfarrei wiesen auch bei den Städten nur wenige wie Zülpich (drei Pfarreien), Wesel (zwei Pfarreien seit 1428/29), Bonn (vier Pfarreien) oder Soest (sechs Pfarreien) auf. Köln, mit rund 40.000 Einwohnern die größte Stadt des Reiches, bildete mit 19 Pfarreien eine große Ausnahme, auch über das Erzbistum hinaus.

Eine Ursache für die langsame, aber doch stetige Verdichtung des Pfarrnetzes liegt in der Entwicklung der Städte, doch gerade auch in ländlichen Gebieten strebten die Gläubigen in weiter vom Pfarrort entfernt liegenden Siedlungen nach der Errichtung einer eigenen Pfarrei, wollte man doch nicht nur bei

Palmesel *aus der Kölner Pfarrkirche St. Kolumba, um 1500*

*In **Ramrath** (bei Rommerskirchen) konnte sich aus einer Hofkapelle des 10. oder frühen 11. Jh. (Abb. links) aus verschiedenen Gründen keine Pfarrkirche entwickeln. In **Wollersheim** (bei Zülpich; Abb. rechts) verlief die Entwicklung anders: Aus einer zum Fronhof des Kölner Stiftes St. Maria im Kapitol (in der Abb. hinten) gehörenden Kapelle entstand die Pfarrkirche Kreuzauffindung (11. oder 12.–15. Jh.).*

Eis und Schnee möglichst keine langen Wege zur Pfarrkirche auf sich nehmen. Ausgangspunkt war oft eine Kapelle, die dann nach und nach die Rechte einer Pfarrkirche (wie Tauf- und Begräbnisrecht) erhielt oder sich auch aneignete. Dass etwa die Patronatsherren von solchen Entwicklungen nicht immer begeistert waren, liegt auf der Hand, und so war die Entstehung einer neuen Pfarrei im Einzelfall ein komplizierter und langwieriger Prozess. Insgesamt ist die Verdichtung der Pfarrstrukturen als »ein religiöses, vielleicht ein gesellschaftliches, jedenfalls kein demographisches Phänomen« (W. Janssen) zu begreifen. Die Reformation hatte für diese Entwicklungen keine wesentlichen Einschnitte zur Folge. Vereinfacht gesagt wurden viele altkirchliche Pfarrkirchen etwa im Bergischen Land eben lutherisch oder reformiert, was allerdings Konfessionsstreitigkeiten mit der unterlegenen Konfession keineswegs ausschloss. Für das Erzbistum waren die evangelischen Pfarreien indessen verloren.

WIE SAH DAS PFARRLEBEN AUS?

Anders als nach heutigen Vorstellungen wurde »Seelsorge« im Mittelalter vor allem und fast ausschließlich als kirchlich-sakramentale Versorgung und Heilsvermittlung verstanden: Taufe, Eheschließung, Beichte, Messe und Kommunion, Segnungen, Begräbnis – alles das war durch den Pfarrer und gegebenenfalls andere Priester zu

Taufstein *der Pfarrkirche St. Katharina in Blankenberg, Anfang 13. Jh.*

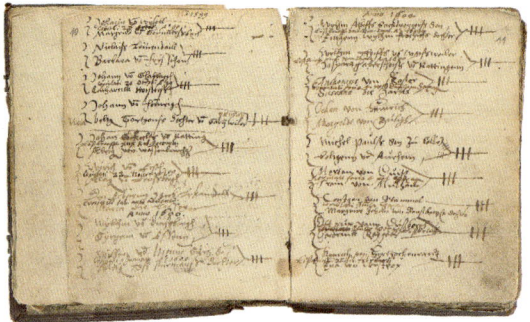

Heiratsbuch *der Pfarrei St. Johann Baptist in Köln,
mit Heiratseinträgen von 1599 und 1600*

leisten. Ein Engagement von Laien trat dahinter zurück, ebenso wie die Predigt und Katechese. Kirchliche Vereine und Gruppierungen kannte man so gut wie gar nicht. Einzige Ausnahme waren Bruderschaften, welche oft stark von Laien geprägt waren.

DIE PASTÖRE

Zentrale Persönlichkeit in einer solchen Pfarrei war der Pfarrer. In der gängigen Bezeichnung *pastor* (lat.: Hirte) kommt das Bild eines Hirten zum Ausdruck, der für das Wohl seiner Herde verantwortlich ist.

Allerdings waren die meisten Pfarrer nach heutigen Maßstäben mit ihrem Amt vollkommen überfordert. Bisweilen haperte es schon an den fundamentalen Lateinkenntnissen, um überhaupt die liturgischen Texte verstehen zu können, von weitergehenden theologischen Kenntnissen ganz zu schweigen. Insbesondere auf dem Lande war der Bildungsstand der Priester oft dürftig. Dem stehen insbesondere in den Städten

Das vor dem Kölner Domchor am Domhof gelegene **Priesterseminar**, *links daneben die Seminar- und Pfarrkirche St. Johann Evangelist, Ansicht 1798*

Kaspar Ulenberg (1549–1617), Pfarrer von Kaiserswerth sowie St. Kunibert und St. Kolumba in Köln, war ein überdurchschnittlich gebildeter Theologe, der sich auch als Autor, Bibelübersetzer und Lieddichter betätigte. Einige seiner Kirchenlieder werden noch heute gesungen.

viele Beispiele von Pfarrern gegenüber, die bisweilen gar zu den intellektuell führenden Köpfen gehörten. Gefragt waren in erster Linie die Amtshandlungen des Pfarrers, weniger dessen menschliche Vorbildfunktion. So nahm man nicht zwangsläufig Anstoß an einer Lebensweise, die nicht dem Zölibat entsprach, solange der Geistliche nur seinen Kernaufgaben nachkam. 1550 etwa heißt es, dass eine junge Frau beim Kaplan in Dürboslar lebte und er zwei Kinder mit ihr hatte. Aber, so lautete das abschließende Urteil: Er *helt sich sunst wol.* Eine Haushälterin war oft eine schiere Notwendigkeit, war der Pastor doch ein Bauer im Dorf wie jeder andere; noch bis etwa 1800 bewirtschafteten nicht wenige Pastöre ihre Pfarrgüter selbst. Wenn sich dann der Pfarrer im Umgang mit der Haushälterin »mehr als Mann denn als Priester erwies« (Th. Becker), begann das erst in der Zeit der katholischen Reform anstößig zu werden.

Angesichts der Gesamtlage musste es der katholischen Reform ein Anliegen sein, einen einheitlichen, möglichst hohen pastoralen Standard sicherzustellen, was vermittels einer zentral angelegten Ausbildungsstätte zu erreichen war. Die Einrichtung von Seminaren hatte zudem das Trienter Konzil gefordert. Im Erzbistum Köln ist es nach zweimaligen gescheiterten Versuchen erst 1738 zur Einrichtung eines Priesterseminars gekommen. Erst im 17. Jahrhundert kam der nachdrückliche Anspruch auf, dass die Pastöre die Gläubigen durch Predigt und Katechese unterweisen sowie in ihrer Lebensführung vorbildhaft sein sollten. Auch die Beachtung des Zölibats wurde allmählich zur Regel.

DIE KIRCHENFABRIK

Das Bild einer passiven, lediglich betreuten Pfarrgemeinde muss indessen in mancher Hinsicht korrigiert werden. Ausgangspunkt hierfür ist das Vermögen der »Kirchenfabrik«, ein Vermögensfonds zur Unterhaltung des Kirchengebäudes sowie für die Kosten von Gottesdienst und Kirchenausstattung, an den die Patronatsherren seit der Kirchenreform des Hochmittelalters nicht mehr herankamen. Mindestens zwei, aber

Holzschnitt (1489) aus der in Nürnberg gedruckten Schrift
»Epistula de miseria curatorum seu plebanorum« (Schrift
*über das **Elend der Pastöre**). Die neun »diaboli« (Teufel),*
die den in der Mitte stehenden Pfarrer umgeben (darunter
Pfarrangehörige, Köchin und Kirchmeister, aber auch
Bischof und staatliche Beamte) verdeutlichen, dass sich
auch an der mittelalterlichen Pfarrkirche und beim Pfarrer
verschiedene Kommunikationsstränge bündelten.

auch mehrere Kirchmeister verwalteten das Fabrikvermögen weitgehend selbstständig, meist zuverlässig und transparent. Sie waren professionelle und selbstbewusste Vertreter ihrer Gemeinde und entstammten meist der jeweiligen dörflichen und insbesondere der städtischen Führungsschicht; nicht nur in Köln ergaben sich zahlreiche personelle Überschneidungen etwa mit den städtischen Ratsgremien. Mancherorts gelang es so den Pfarreien, die Amtsführung des Pastors in ihrem Sinne zu lenken. In der Kölner Pfarrei Klein St. Martin etwa, wo die Gemeinde das Pfarrerwahlrecht erstritten hatte, diktierten diese 1426 dem Pfarrer unter anderem, dass er seine Stelle nicht vermieten dürfe, die kanonischen Vorschriften über den Aufenthalt von Frauen in seinem Haus beachten, mindestens drei Hilfsseelsorger unterhalten, den Kirchmeistern nicht in ihre Geschäfte, wie der Unterhaltung der Kirche und des Inventars sowie der Wahl des Küsters, hineinreden und sich überhaupt in seiner Amtsführung von den Kirchmeistern kontrollieren lassen solle. Außer der Sakramentenspendung blieb dem Pfarrer da nicht mehr allzu viel an Wirkungsmöglichkeiten; ein Aspekt, der landläufige Mittelaltervorstellungen von der Macht des Klerus deutlich relativiert. Mit der Erwähnung des »Fabrikfonds« greifen wir übrigens die historischen Wurzeln der Tatsache, dass es »das Vermögen der Kirche« im Sinne eines einheitlichen Fonds bis heute nicht gibt. So bestanden alleine auf Ebene der Pfarrkirchen neben dem Fabrikfonds andere gewachsene Vermögensfonds wie die der Pfarrstelle, der Küsterei, der Armenfürsorge, der Stiftungen usw., allesamt mit unterschiedlichen Zweckbindungen.

Womöglich bestand schon im 9. Jahrhundert eine Kirche in
***Kalkum**. Die heutige romanische Pfarrkirche St. Lambertus*
geht im Kern auf das 11. Jh. zurück.

Karte von Köln-Junkersdorf und *Umgebung, 1777. Mittelpunkt des Dorfes ist die Pfarrkirche.*

Die Bedeutung der mittelalterlichen und frühneuzeitlichen Pfarrei kann insbesondere für ländliche Gebiete, aber auch für manches Stadtviertel nicht hoch genug veranschlagt werden, liefen doch insbesondere beim Pfarrer verschiedene Kommunikationsstränge zusammen. Die Pfarrei war ein Kommunikationszentrum, und dies trotz der im Vergleich zu heute geringeren pfarrlichen Aktivitäten. Dies lag sowohl an der sehr viel höheren Bedeutung der Sakramente und Sakramentalien, dann aber auch am sogenannten Pfarrzwang, wonach die Gläubigen verpflichtet waren, die Sakramente in ihrer jeweiligen Pfarrkirche zu empfangen. Zudem waren bis zur Reformation alle Bewohner eines Dorfes per se Kirchenmitglieder. Auf dem Lande war die Pfarrkirche für lange Zeit ohnehin die einzig existierende Institution.

Dekanatsgliederung

Die allmähliche Verdichtung des Pfarrnetzes zog unweigerlich die Entstehung von mittleren Organisationsebenen nach sich. So entstand in der Zeit der Erzbischöfe Anno II. und Sigewin die Einteilung des Erzbistums in 22 Dekanate, die größer waren als die heutigen. Die Dekanate hatte man ursprünglich in vier sogenannte Archidiakonate zusammengefasst. Die Ämter der Archidiakone waren an die ranghohen Würden des Dompropstes, Domdekans und der Pröpste von Xanten und Bonn gebunden. Die Archidiakone hatten immensen Einfluss und Macht, oblag ihnen faktisch doch – und nicht dem Bischof – die geistliche Aufsicht über die wachsende Zahl der Pfarreien. Ständige Konflikte, auch der Dechanten, mit Pfarreien, Pfarrern, Patronatsherren, später auch mit Offizial, Generalvikar, Weihbischof und Landesherren waren unausweichlich und zogen sich bis ins 18. Jahrhundert hin. Schon am Ende des Mittelalters gelang es sechs Dechanten – auch dieses Amt war jeweils an eine Würde an einer Stiftskirche gebunden –, sich Rechte der Archidiakone anzueignen; ihre Dekanate wurden selbst zu kleinen Archidiakonaten.

GELEBTER GLAUBE:
FRÖMMIGKEIT UND RELIGIOSITÄT

Bislang war vorwiegend die Rede vom institutionellen Rahmen der Kölner Kirchengeschichte. Dieser wurde inhaltlich ausgefüllt durch konkrete Formen von Frömmigkeit und Religiosität der Gläubigen, und zwar tendenziell aller Gläubigen, nicht nur des hohen Klerus oder der Priester. Dabei unterschied sich bis zum Ende des 18. Jahrhunderts die Art und Weise des Glaubensvollzugs im Erzbistum Köln in den Grundzügen nicht wesentlich von vielen anderen Regionen des christlichen Abendlandes, sodass wir uns auf die markantesten Linien beschränken.

Altarbild aus der Kölner Pfarrkirche St. Johann Baptist
(Barthel Bruyn d.Ä. u.a.: Kreuztragung Christi, Mitteltafel, um 1540). Trotz Kritik an den kirchlichen Zuständen kommt es im Spätmittelalter und noch im 16. Jh. zu vielen Stiftungen, denen manche (Pfarr)kirche und Kapelle mitsamt Ausstattung ihre Existenz verdankt.

TOTENGEDENKEN

Ausgangspunkt von christlichem Leben war vielfach die Sorge um das eigene Seelenheil und das Gedenken an die Verstorbenen, wovon bereits die Gräber und Grabinschriften der Spätantike Zeugnis ablegen. Für alle Generationen war das Leben prinzipiell unsicher; so konnte etwa jede Verletzung oder Infektion in wenigen Tagen zum Tode führen. Durch große Hungersnöte und den Einbruch der Pest im Rheinland (1349) nahm im späten Mittelalter die Sorge um Tod und Totengedenken noch erheblich zu. Die Relikte sind bis heute in vielen Kirchen sichtbar: Altäre, Glasfenster, Tafelgemälde, kirchliches Gerät, Paramente und weitere Kirchenausstattung bis hin zu vollständigen Kapellen und Kapellenanbauten zeugen von einer tiefen Frömmigkeit und dem Versuch, den Tod und die Angst vor der ewigen Verdammnis durch fromme Stiftungen solcher

Stifter *des Altarbildes aus*
St. Johann Baptist war der Kölner
Bürgermeister **Arnold von Siegen**
(1484–1579), dargestellt auf dem
linken Seitenflügel. Oft traten wohl-
habende Bürger v.a. in den Städten
als Stifter auf, die so Zeugnis geben
von den unglaublichen Kapitalver-
mögen.

Art zu bewältigen. Auf diese Weise entstand eine breit angelegte Memorialkultur (von lat. *memoria:* Erinnerung, Gedenken). Die gegenständlichen Stiftungen waren meist mit Messverpflichtungen verbunden, wobei Messen für das Seelenheil der Stifter oft in großer Zahl zu lesen waren. Wir erkennen hier die für das späte Mittelalter typische, äußeren Dingen verhaftete und zählbare Frömmigkeit, gespeist aus einem »ungeheuren Hunger der Menschen nach Gott« (L. Febvre). Nicht nur Gottesdienste, sondern auch Gebetsleistungen, Reliquiensammlungen und Ablassjahre wurden nach Zahl und Menge gemessen.

DAS SPÄTMITTELALTER: HUNGER NACH GOTT

Großer Beliebtheit erfreute sich jegliche Form von Schaudevotion, erkennbar etwa in prächtigen Monstranzen und Prozessionen jeglicher Art. Die 1278 von St. Gereon in Köln ausziehende Fronleichnamsprozession wird als die erste im deutschsprachigen Bereich angesehen. Überhaupt kam eine eucharistische Frömmigkeit auf, bei der allerdings nicht der Empfang der konsekrierten Hostie, sondern deren Anschauung und Verehrung im Mittelpunkt standen. Die bis heute übliche Elevation (Erheben) der Hostie nach der Wandlung erfuhr im 13. Jahrhundert weite Verbreitung.

Vesperbild, *Rheinland, um 1380–1390*

Zur religiösen An- und Aufgeregtheit des späten Mittelalters gehören ferner der Heiligen- und Reliquienkult sowie das Wallfahrts- und Bruderschaftswesen. In der Stadt Köln etwa konnten für das 12.–16. Jahrhundert etwa 130 Bruderschaften nachgewiesen werden, die jedoch nicht alle gleichzeitig existierten. Meist handelte es sich um Zusammenschlüsse von Laien zum Zweck des Gebetes. Im Mittelpunkt stand dabei die Ausrichtung des Begräbnisses für verstorbene Mitglieder sowie die Pflege des Totengedenkens, was gesellige Veranstaltungen wie ein Bruderschaftsessen keineswegs ausschloss. In nicht wenigen Bruderschaften waren auch Frauen zugelassen.

Zum gelebten christlichen Glauben gehört seit jeher die tätige Nächs-

Sterben und Tod waren für die Menschen des Mittelalters wichtige Themen: **Seelenwaage** *in der heutigen evangelischen Pfarrkirche* **Marienberghausen***, um 1500.*

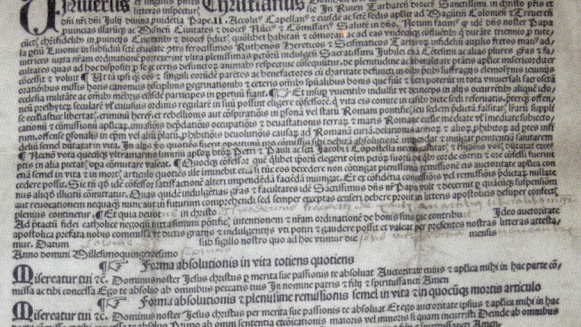

1507

tenliebe in Form von caritativer Betätigung.
Dieses Element war auch im Stiftungs-
und Memorialwesen des Mittelalters und

Frömmigkeit im Spätmittelalter: *Beispiel für einen massenhaft verbreiteten, vorgedruckten* **Ablassbrief** *(1507), gegen solche Ablässe richtete sich die Kritik der Reformation;* **Turmmonstranz** *aus der Ratinger Pfarrkirche (1394); Kölner* **Pilgerzeichen** *mit (von oben) hl. Petrus, Hl. Drei Königen, hl. Ursula mit Gefährten (Ende 14. Jh.);* **Elevation** *der Hostie und Verehrung durch einen Ritter (1489).*

darüber hinaus stark vertreten. Dabei ging es allerdings weniger um die
Beseitigung sozialer Not, sondern mehr um das Seelenheil des Stifters.
Für seine Gaben an Arme, Kranke, Fremde, Witwen und Waisen sollten
diese für die Seele des Stifters beten.

Angesichts der religiösen Erregung, die das Spätmittelalter ergriff,
kam es zu manchen Übersteigerungen, ja irrationalen Exzessen. Die be-
kanntesten sind die Judenpogrome und die beginnenden Hexenverfolgungen. Heute fällt es schwer, einen Zugang zu diesen Phänomenen zu
finden. Vor allem im Jahrhundert der Reformation tat sich zeitgenössi-
sche Kritik auf, die sich keineswegs nur am Ablasshandel entzündete,
sondern fast alle hier genannten Bereiche betraf.

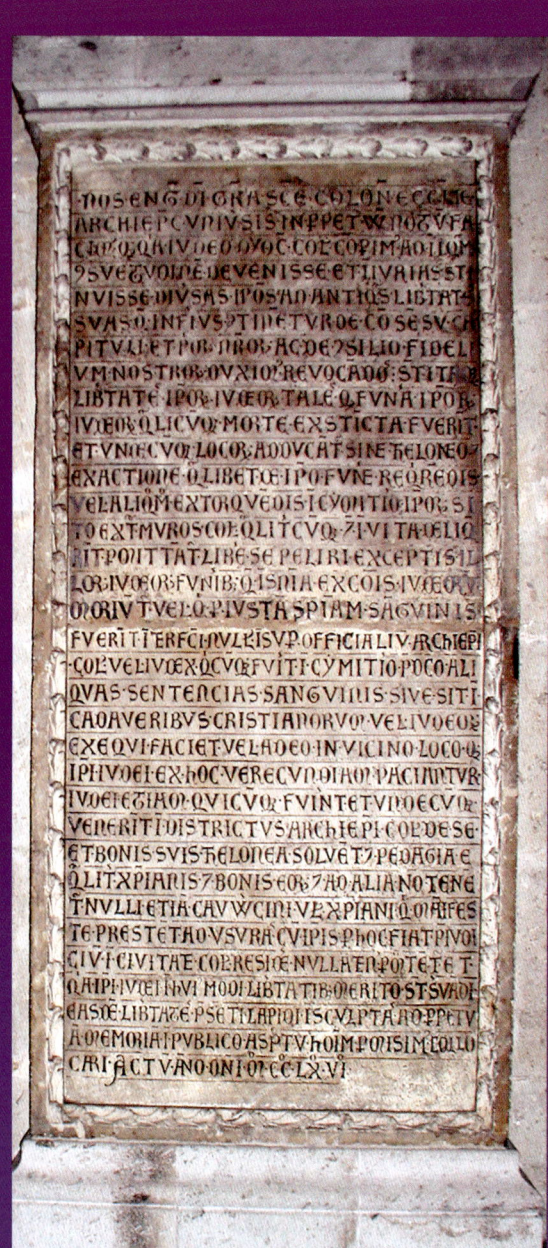

Privileg des Kölner Erzbischofs Engelbert von Valkenburg **für die Kölner Judenge-meinde**, *Inschrift im Kölner Dom, 1266*

Juden

Im Mittelalter war der rheinische Teil des Erzbis-tums ein Zentrum des deutschen Judentums. Mitte des 14. Jahrhunderts lebten in der Diözese etwa 2.000 bis 3.000 Juden, was der Größe einer Stadt wie Düren oder Kempen entsprach. Grundsätzlich handelte es sich bei den Juden um die einzige geduldete gesellschaftliche Gruppe, die nicht christlich war. Auch und gerade theologisch legitimiert, weil sie an den Gott Jesu Christi glaubten, galten die Juden gleichwohl als verblendet, verweigerten sie aus Sicht der Kirche doch die Annahme des wahren Glaubens. Hinzu trat eine oft empfundene kul-turelle Andersartigkeit. So schlug die Duldung längerfristig in Aggressionen um und führte zu erschreckenden Verfolgungswellen. Das früheste Pogrom ist für 1096 im Zusammenhang mit der Ausrufung des Ersten Kreuzzugs überliefert; eines der fürchterlichsten war das zur Zeit der Pest 1349/50, bei dem die Kölner Judenge-meinde ausgelöscht wurde.

Von den Königen übernahmen die Landesherren den Schutz der Juden. Das gilt auch für die Köl-ner Erzbischöfe im 13. Jahrhundert. Entspre-chend sind für das 13. und 14. Jahrhundert knapp ein Dutzend Judenschutzbriefe der Erz-bischöfe bekannt. Daraus kann aber nicht auf die »Menschenfreundlichkeit« der Kölner Ober-hirten geschlossen werden, denn meist ging es um den konkreten Nutzen, den sie aus der Exis-tenz jüdischer Gemeinden zogen, trugen diese doch erhebliche, von den Erzbischöfen auferlegte Steuerlasten und waren stets auch poten-zielle oder wirkliche Kreditgeber. Schutz vor Verfolgungen gewährten die Erzbischöfe den jüdischen Gemeinden somit auch deshalb, weil ein Pogrom in ihren Augen letztlich ein »Vermö-gensschaden« war.

*Darstellung der letzten **Hexenverbrennung** im Erzbistum Köln (1738) auf dem Heimatbrunnen in Düsseldorf-Gerresheim (K.H. Klein, 1970)*

Hexen

Auch wenn die ersten Nachrichten von Hexenverfolgungen aus dem 15. Jahrhundert stammen, handelt es sich weniger um ein Phänomen des Mittelalters. Die großen Verfolgungswellen fanden auch im Erzbistum Köln in der Frühen Neuzeit statt. Eine Grundlage für dieses düstere Kapitel europäischer Geschichte lieferte der 1487 erschienene *Malleus maleficarum* (Hexenhammer) aus der Feder eines Dominikaners. Aus dem Raum der Kirche kam aber auch die heftigste Kritik am Hexenwahn: Der in Kaiserswerth geborene und zeitweise in Köln tätige Jesuit Friedrich Spee von Langenfeld (1591–1635) geißelte 1631 in seiner anonymen Schrift *Cautio criminalis oder rechtliches Bedenken wegen der Hexenprozesse* vor allem die grausamen Foltermethoden. Gleichwohl ist es in den 1620er- und 1630er-Jahren in Stadt und Kurfürstentum Köln zu einer letzten und zugleich intensiven Verfolgungswelle gekommen, bei welcher der Kölner Erzbischof Ferdinand von Bayern eine unrühmliche Rolle spielte.

Zu den Opfern des Hexenwahns gehörten vorwiegend Frauen, allerdings auch Männer. Die vielfältigen Ursachen liegen letztlich in den verunsichernden Schwierigkeiten, welche die gesamte Gesellschaft mit dem lang anhaltenden, das neuzeitliche Europa prägenden Rationalisierungs- und Modernisierungsprozess hatte, dann aber – bisweilen sehr banal – in Wirtschaftskrisen oder nachbarschaftlichen, dörflichen und familiären Konflikten, bei denen ein Sündenbock ausgemacht werden sollte. Damit ist die Hexenverfolgung beileibe kein rein kirchliches Phänomen, zumal die Prozesse von weltlichen Gerichten durchgeführt wurden.

Ostensorium mit Reliquien
der Unschuldigen Kinder aus
St. Lambertus in Düsseldorf, 1646

BAROCKE FRÖMMIGKEIT

Die Reformation und das Zeitalter der Konfessionalisierung brachten tiefgreifende Einschnitte für
fast alle Formen von Frömmigkeit mit sich. Katholischerseits behielt man den überwiegenden Teil der
alten Formen bei, veränderte sie aber nachhaltig im
Sinne und Dienste der katholischen Reform. Prozessionen, Reliquienwesen und Heiligenverehrung
erfuhren sogar noch eine Intensivierung, während
bei den Wallfahrten nicht mehr weit entlegene Ziele
wie Rom, Jerusalem oder Santiago de Compostela
im Kurs standen, sondern Nahwallfahrten wie nach
Neviges oder Kevelaer. Dies ermöglichte größeren
Mengen von Gläubigen ein häufigeres Wallfahren.

Goldene Kammer *an der Kölner Kirche St. Ursula,*
1643/1644, mit Reliquienbüsten und zu Ornamen-
ten und Schriftzügen angeordneten Gebeinen der
11.000 Jungfrauen (vgl. S. 25)

Bei den Bruderschaften traten neben die mittelalterlichen Gebetsbruderschaften von Laien nun vom
Klerus gegründete und geleitete Vereinigungen wie
die »Christenlehrbruderschaften«, die man 1662 als Mittel der Katechese flächendeckend im Erzbistum einzuführen versuchte. Es war die Zeit des barocken Katholizismus, bei dem die Lust des Barocks an möglichst eindrucksvoller Inszenierung und
Zurschaustellung der Inhalte – oft auf deren
Kosten – wie auf einer Theaterbühne unüber-
sehbar ist. Erst jetzt bildete sich das katholische Proprium in Unterscheidung zu protestantischen Glaubensgemeinschaften heraus. Gleichzeitig liegen hier die
Ansätze zur Verkirchlichung
breiter Massen sowie die
Grundlagen für die
volkskirchliche Prägung
des Katholizismus, die
im 19. Jahrhundert auf-
gegriffen wurden.

Apollinarisschrein *aus*
St. Lambertus in
Düsseldorf, 1665

REFORMATION UND KONFESSIONALISIERUNG

16.–18. JAHRHUNDERT

DIE REFORMATION

Die Reformation, die 1517 ihren Ausgang von der Veröffentlichung der 95 Thesen durch Martin Luther nahm, war ein Geschehen von europäischer Dimension und wirkte massiv auch auf die Geschichte des Erzbistums ein. Nach mehr als 1.200 Jahren Entwicklung kirchlichen Lebens und entsprechender Strukturen erfolgte nun ein starker Einbruch. Mit der Einheit der abendländischen Christenheit war es auf Dauer vorbei. Am Ende traten an die Stelle der einen Kirche drei Konfessionen: katholisch, lutherisch, calvinistisch/reformiert – konfessionelle Spaltungen, die ungeachtet aller ökumenischen Bemühungen bis heute nicht überwunden und ein Problem aller Christen sind. Den lang anhaltenden Prozess der Herausbildung und Verfestigung der Konfessionen bezeichnet man als »Konfessionalisierung«, die im Rheinland bereits in den 1520er-Jahren einsetzte und erst im 17. Jahrhundert zu einem gewissen Abschluss kam.

Anfangs verfolgte Luther mit seiner humanistisch-historischen Kritik etwa an Papsttum und Ablasshandel das urkatholische Prinzip einer »Reform (lat. reformatio) der Kirche an Haupt und Gliedern«, doch seit etwa 1520 bezog er zum Beispiel mit seiner Kritik an der Sakramentenlehre dezidiert antikatholische Positionen; der Papst in Rom galt nun als der »Antichrist«. Schon ein Jahr zuvor hatte die Kölner theologische Fakultät als erste nördlich der Alpen die Schriften Luthers als Irrlehren verurteilt, wie die Kölner Universität überhaupt ein Hort der »altkirchlichen« Orthodoxie blieb. In den 1520er- und 1530er-Jahren fand die neue Lehre, oft in Verbindung mit sozialrevolutionären Tendenzen, mehr und mehr Verbreitung. In weiten Teilen des Reiches kam es zu rasch voranschreitenden Entwicklungen, die zur Auflösung bzw. Umformung des alten Kirchensystems führten. Vor allem die Reichsstädte, aber auch kleinere Landstädte führten sehr früh die Reformation ein; Rat und Bevölkerung waren oft

Protestantischer Abendmahlskelch *aus Bad Honnef (um 1600), der sich in seiner Gestaltung bewusst von katholischen Messkelchen abhebt. Dieser Abendmahlskelch geriet später in den Kirchenschatz der katholischen Pfarrei, was zeigt, dass die konfessionellen Verhältnisse lange Zeit fließend waren.*

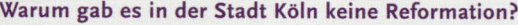

Bronzemedaille mit dem
Porträt des Reformators
Martin Bucer, 1543

Warum gab es in der Stadt Köln keine Reformation?

Köln blieb als einzige größere Reichsstadt katholisch und nimmt insofern eine Sonderstellung ein. Zwar gab es im 16. und 17. Jahrhundert mehrere evangelische Gemeindebildungen, doch bereits 1520 wurden Luthers Bücher in Köln öffentlich verbrannt, und eine Chance zur Einführung der Reformation bestand nicht einmal im Ansatz. Dass es in Köln nicht zur Reformation kam, hing mit der Rolle des städtischen Rats, der Universität und des Domkapitels ebenso zusammen wie mit wirtschaftlichen und politischen Interessen. Auch die innere Struktur des städtischen Gemeinwesens spielt hier mit hinein, woran die mehrzellige Struktur der Stadt mit ihren 19 Pfarreien, welche »die eigentlichen Öffentlichkeiten in Köln« (M. Groten) darstellten, wesentlichen Anteil hatte.

Kein Wunder, dass der Reformator Martin Bucer schon 1543 fand, die Stadt sei *uberschuttet mit abgotterei der heiligen bein und bilder*. Im 17. Jahrhundert entwickelte sich Köln zur wichtigsten katholischen Stadt im Reich und zum katholischen Bollwerk des Widerstands gegen den Protestantismus in Deutschland.

gleichermaßen proreformatorisch. Nicht selten ging es auch um soziale Spannungen und handfeste politische Hintergründe. Die Reformation in Deutschland war vor allem ein städtisches Ereignis. In Dortmund etwa, der einzigen Reichsstadt im Erzbistum neben Köln, begann die reformatorische Bewegung bereits 1523. Im Laufe der Jahrzehnte entwickelte sich Dortmund zu einer evangelischen Stadt; 1579 wurde der katholische Gottesdienst abgeschafft.

Die Gesamtentwicklung insbesondere im 16. Jahrhundert ist einigermaßen unübersichtlich. So standen sich im Reich seit etwa 1520 nicht zwei, sondern drei kirchlich-politische Gruppierungen gegenüber: Neben den eindeutigen Anhängern Luthers sowie den Gegnern der reformatorischen Bewegung und Verteidigern des Papsttums gab es eine Mittelgruppe, die in ihrer Hoffnung auf Erhaltung der Einheit in einer von Missbräuchen gereinigten Kirche nach beiden Seiten zu Konzessionen bereit war. Hierzu gehörten auch die Herzöge von Jülich-Kleve-Berg, Landesherren in weiten links- wie rechtsrheinischen Teilen des Erzbistums Köln, die ein großes Maß an Langmut gegenüber protestantischen Bestrebungen aufbrachten. Die Folgen sind teilweise noch bis heute in der konfessionellen Zerklüftung des Bergischen Landes ablesbar, wo etwa neben den katholischen Regionen an der Sieg das Wuppertal protestantisch geprägt ist.

KONFESSIONSMERKMALE

Worum ging es bei der Reformation und Konfessionsbildung inhaltlich? In der heutigen Wahrnehmung spielen vor allem lehramtliche Differenzen eine Rolle wie etwa das Amtsverständnis oder die sogenannte Rechtfertigungslehre, in der sich erfreulicherweise schon 1999 römisch-katholische und evangelisch-lutherische Theologen mit einer gemeinsamen Erklärung weitgehend angenähert haben. Demgegenüber waren es im 16. Jahrhundert eher konkrete Fragen des kirchlichen Lebens und religiöser Verhaltensweisen, die zum Konflikt führten und bald zum Konfessionsmerkmal wurden. Die Einführung der Reformation etwa in einer Stadt hatte dann zur Folge, dass die als evangelisch konnotierten Formen verbindlich wurden.

Am heftigsten schieden sich die Geister bezüglich der Kommunion unter beiderlei Gestalten, also dem Empfang von Hostie und Wein. Im Mittelalter war die Kelchkommunion vollkommen ungebräuchlich geworden und wurde 1415 für Laien sogar verboten. Demgegenüber wollten die Reformatoren mit dem »Laienkelch« das kirchliche Leben wieder auf die Ursprünge zurückführen. Ebenso wurde über die Duldung und Zulässigkeit der Priesterehe gestritten – ein ungleich brisanteres Problem, denn auch im Erzbistum Köln ging es dabei um die Legalisierung eines weitverbreiteten Zustands. So lebte 1569 im Bereich des Kurfürstentums knapp ein Drittel der Priester im Konkubinat. Aber selbst die reformwilligen unter den Kölner Erzbischöfen waren zu keinen Veränderungen bereit, und mit einem eindeutigen Beschluss des Trienter Konzils (1563) war das Thema katholischerseits endgültig vom Tisch – von kirchenamtlicher Seite bis heute. Zu einem weiteren Konfessionsmerkmal wurde der Gebrauch der deutschen Sprache statt des Lateins im Gottesdienst, was für die Anhänger der Reformation oft demonstrativen Charakter hatte. Aus heutiger Sicht ist es jedenfalls erstaunlich, dass insbesondere die Kelchkommunion und der Gebrauch der Muttersprache solches Konfliktpotenzial in sich bargen, wo inzwischen beide Themen doch auch für die Katholiken geklärt sind.

REFORMATIONSVERSUCHE IM ERZBISTUM

Das Erzbistum Köln erlebte im 16. Jahrhundert gleich zwei Reformationsversuche. Der erste ging von Erzbischof Hermann von Wied aus. In den ersten zwei Jahrzehnten seiner Amtszeit stand er den neuen protestantischen Strömungen ablehnend gegenüber und ließ zum Beispiel die Schriften Luthers verbrennen. Erst unter dem Eindruck der

Kurfürst und Erzbischof **Hermann von Wied**,
Ölgemälde, um 1540

sogenannten Religionsvergleichsbemühungen
auf den Reichstagen 1539–1541 sowie den Religi-
onsgesprächen zwischen altkirchlich und refor-
matorisch gesinnten Theologen kam es 1543 zur
Erarbeitung einer neuen Kölner Kirchenord-
nung, des *Einfältigen Bedencken*. Der Widerstand
des Domkapitels und von Johannes Gropper,
die ablehnende Haltung Kaiser Karls V., der
mangelnde Kampfeswille des alternden Erzbischofs, auch die fehlende militärische Unterstützung – alles das führte dazu, dass Hermann
von Wied 1546 gebannt und abgesetzt wurde.

Am Anfang des zweiten Reformationsversuchs standen die Bestrebungen von
Erzbischof Gebhard Truchseß von Waldburg, sein Verhältnis mit einer Gerresheimer
Stiftsdame durch Heirat zu legalisieren und evangelisch zu werden. Dabei dachte der
Erzbischof 1583 keineswegs an Rücktritt, sondern im Gegenteil an Einführung der Reformation. Gelöst wurde der dadurch entstandene Konflikt militärisch. Im Kölnischen
Krieg 1583–1590 standen sich protestantische Truppen unter Führung des abgesetzten
und exkommunizierten Erzbischofs und katholische Truppen unter Führung des neu
gewählten Erzbischofs Ernst von Bayern gegenüber. Auf beiden Seiten kam es zu großen Grausamkeiten, am Ende verselbstständigte sich der Krieg. Letztlich konnte sich
die katholische Seite durchsetzen.

Im Vergleich zeigen die beiden Reformationsversuche, wie
weit innerhalb von vier Jahrzehnten die Konfessionalisierung
fortgeschritten war. Zudem bewegten Hermann von Wied echte
Reformanliegen, während es 1583 in erster Linie um Standesin-
teressen und kirchenpolitische Implikationen wie die Frage der
Gewichte im Reich ging; die theologische Ebene fehlte fast völlig. Gebhard Truchseß starb 1601 exkommuniziert und als protestantischer Domherr. Hingegen feierte das Kölner Domkapitel
1552 nach dem Tode Hermanns von Wied im Kölner Dom sogar
Exequien für den nach heutiger Lesart evangelisch gewordenen
früheren Erzbischof – so nahe waren sich die allmählich herausbildenden Konfessionen zu diesem Zeitpunkt noch.

Wappen *des Erzbistums mit dem*
hl. Petrus *als Schildhalter; Titelblatt
der gegen das »Einfältige Bedenken«
gerichteten, von Johannes Gropper
verfassten »Catholischen Gegen-
berichtigung«, 1544 (Ausschnitt)*

KONFESSIONSBILDUNG

Für das 16. Jahrhundert ist es kaum möglich, eindeutige Festlegungen zu treffen: Was ist noch katholisch und reformorientiert, was schon evangelisch? Oft waren die Übergänge fließend. Dies gilt gerade für die Pfarreien und das kirchliche Leben vor Ort. Vor allem im Bergischen Land, schon früh ein konfessionelles Mischgebiet, waren Religionskonflikte unausweichlich. Gläubige, Pfarrer und weltliche Obrigkeit waren sich selbst oft nicht im Klaren, zu welcher Kirche sie nun gehörten oder gehören wollten. Auch für den Historiker ist das im Nachhinein oft nur sehr schwer zu erkennen.

So wurde der Pfarrer von Kettwig 1565 vor die Räte des bergischen Herzogs zitiert, weil er keine Paramente mehr trug. Weil man ihn aber *in seinem leben und lehr nicht unbequem* fand, wurde er lediglich ermahnt, *die gude alte ceremonien* zu halten. Wenige Jahre später zerschlugen in Kettwig einige Bauern ein Kreuz und hängten die Reste zum Spott an die Türe des katholischen Kaplans; sie gaben an, durch die Predigten des Pfarrers dazu verleitet worden zu sein. War Kettwig in dieser Zeit noch katholisch oder schon – wie eindeutig ein Jahrzehnt später – reformiert? In Solingen hielt Adolf Erkrath im schwarzem Mantel, dem Gewand eines reformierten Predigers, Gottesdienste ab, um dann 1603 in Bensberg die katholische Pfarrstelle innezuhaben. Kurz vorher wird in Visitationen berichtet, dass er in Reusrath lutherischen und gleichzeitig in Rheinkassel katholischen Gottesdienst feierte. Eine merkwürdige Mischform gleich aller drei Bekenntnisse! 1610 spendete der reformierte Pastor von Hückeswagen die Krankenkommunion, und die Synode warf ihm vor, *etliche papistische ceremonien wider angenohmen* zu haben. Als Anfang des 17. Jahrhunderts die bergischen Behörden eine Untersuchung anstellten, ob die Gemeinde von Velbert nun dem reformierten oder dem lutherischen Bekenntnis anhänge, boten beide Konfessionen je einen Pfarrer auf, der angeblich eine tadellose Amtsführung vorzuweisen habe. Näheren Aufschluss erhoffte man sich durch Untersuchungen, welches Gesangbuch, welcher Katechismus benutzt und ob etwa die Beichte angeboten wurde. Die Reformierten verlegten die Auseinandersetzung auf eine andere Ebene, indem sie behaupteten, der lutherische Pfarrer habe *den Kopf mit stetigem Vollsauffen auß den Schrauben gesetzet, sei allwege truncken aufr Cantzel gangen* und habe überhaupt *den Schnabel gern im Nassen.* Diese Beispiele illustrieren das konfessionelle Durcheinander. Wundert es da noch, wenn 1614 ein Pfarrer im Bergischen angab, er *wisse den underscheid zwischen der calvinischen und lutherschen lehr nit zu sagen?*

Im 17. Jahrhundert, mehr als ein Jahrhundert nach dem Beginn der Reformation, kam die Konfessionalisierung zu einem gewissen Abschluss. Auch im Rheinland be-

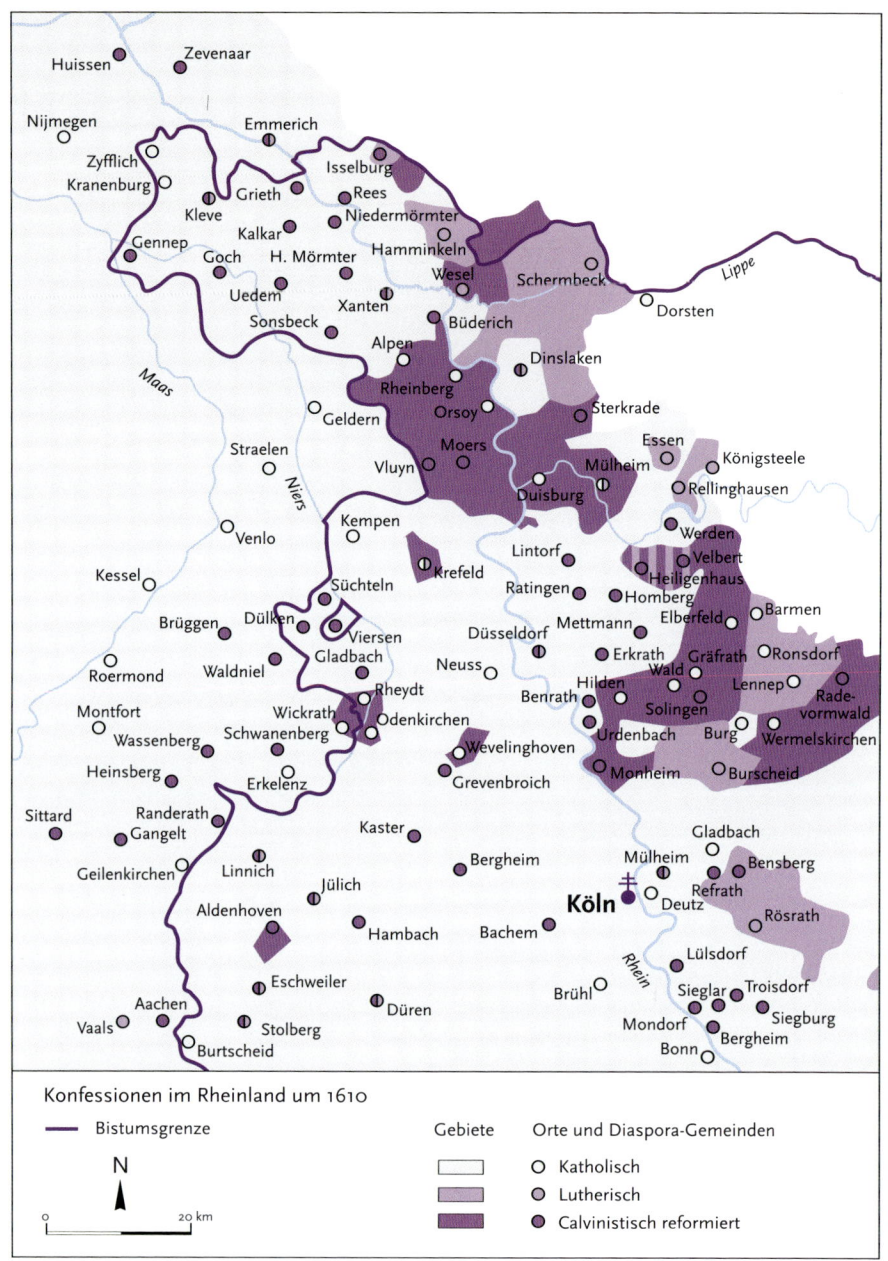

Konfessionen im Rheinland um 1610

- Bistumsgrenze

N

0   20 km

Gebiete   Orte und Diaspora-Gemeinden

- ☐   ○ Katholisch
- ☐   ○ Lutherisch
- ☐   ● Calvinistisch reformiert

Ehemalige Wallfahrts- und heutige Pfarrkirche (Weihe 1728), Franziskanerkloster **Neviges** *(Grundsteinlegung 1680), daneben Wallfahrtskirche von G. Böhm (1966–1968); in Neviges kam es noch im 17. Jahrhundert zu einem Konfessionswechsel der Herrscherfamilie, was u.a. die Wallfahrt begünstigte.*

standen nunmehr nicht zwei, sondern gleich drei Konfessionen nebeneinander. Erst 1817 erfolgte die Union des lutherischen und reformierten Bekenntnisses, woraus die heutige »Evangelische Kirche im Rheinland« hervorging. Wo die Bekenntnisfrage entschieden war, mussten entsprechende Minderheiten entweder der jeweiligen Konfession beitreten, wegziehen oder isoliert in der dörflichen Gemeinschaft leben und zum Gottesdienst weite Wege auf sich nehmen. Dennoch gab es auch noch bis ins 18. Jahrhundert immer wieder Beispiele auch von Konfessionswechseln.

Die Katholische Reform und das Konzil von Trient

Von katholischen Reformkräften dringend gewünscht, kam ein Konzil erst 1545 zustande, das in drei Perioden mit jeweils mehreren Jahren Unterbrechung bis 1563 im italienischen Trient tagte. Die anfänglichen Hoffnungen, man könne die Protestanten in den Schoß der Kirche zurückführen, war spätestens in der dritten Konzilsperiode illusorisch geworden. Nun ging es darum, dogmatische Klarheit zu schaffen, die katholische Lehre von reformatorischen Auffassungen abzugrenzen und Maßstäbe für den künftigen Alltag der Kirche zu setzen. Damit war auch katholischerseits der Weg zur Konfessionskirche eingeschlagen. Der katholische Teil des Reiches stimmte den Lehrsätzen des Konzils zu, die beschlossenen Reformen wurden aber oft über Jahrzehnte verzögert. Auch im Erzbistum Köln kam es nie zu einer vollständigen Veröffentlichung der Konzilsbeschlüsse, mit Ausnahme vor allem des Dekretes über die Ehe. Dennoch wurde das Trienter Konzil zur Grundlage für die innerkatholischen Reformen.

ZWISCHEN KONFESSIONSBILDUNG UND BAROCKKATHOLIZISMUS: DIE ERZBISCHÖFE

Das Erzbistum Köln war im 16. Jahrhundert auf seinem Tiefpunkt angekommen – jedenfalls was die Erzbischöfe und Kurfürsten betrifft. Keiner der vier zwischen 1556 und 1577 amtierenden Erzbischöfe hatte eine Priester- oder Bischofsweihe empfangen. Von 1563 bis 1574 war zudem das Amt des Weihbischofs vakant – elf Jahre, in denen im Erzbistum keinerlei bischöfliche Weihehandlungen vorgenommen werden konnten.

Kurfürst Clemens August (1723–1761)

Der letzte Wittelsbacher auf dem Kölner Erzstuhl gilt als die Verkörperung eines barocken Kirchenfürsten schlechthin. Mit seinem Namen verbinden sich prächtige Schlossbauten wie die Bonner Residenz (heute Universität) sowie die Schlösser in Poppelsdorf, Brühl (Augustusburg und Falkenlust), Röttgen und Clemenswerth im Emsland. Clemens August hatte ein ausgeprägtes Repräsentationsbedürfnis und verfügte dementsprechend über einen großen Hofstaat; er ließ glanzvolle Feste und große Jagdgesellschaften ausrichten. Im Gegensatz dazu standen seine politischen Leistungen, wurde er doch als *Wetterfahne des Reiches* bezeichnet, da er zwischen Österreich und Frankreich mehrfach die Seiten wechselte. Neben Köln hatte Clemens August noch vier weitere Bistümer inne, was ihm den Namen *Monsieur de cinq églises* (Herr von fünf Kirchen) eintrug. Aus einer Liebesbeziehung mit einer Bürgerlichen ging eine Tochter hervor. Andererseits war er ein tief religiöser Mensch, der etwa die Marienverehrung pflegte und in intensivem Kontakt mit der Kaufbeurener Franziskanerin Crescentia Höß (1682–1744) stand. Wir sehen hier das typische Spannungsfeld der Barockkultur, bei der Lebenslust und Ausschweifung neben inniger Frömmigkeit und Askese oft unverbunden nebeneinanderstanden.

Schloß Augustusburg, *Brühl, errichtet 1725–1728, Ausstattung ab 1728 (oben). Kurfürst und Erzbischof* **Clemens August** *von Bayern, Gemälde in der Kölner Domsakristei, 1744*

Weder theologisch-intellektuell noch spirituell und charakterlich waren die Amtsinhaber – nicht nur in Köln – den komplexen Vorgängen des Reformationszeitalters gewachsen. Womöglich hätte sich sonst, mit anderen Handelnden, der bis heute andauernde Skandal der Kirchenspaltung vermeiden lassen.

Erst die Erzbischöfe und Kurfürsten des 17. und 18. Jahrhunderts setzten sich nachdrücklich und erfolgreich für die katholische Reform sowie die Rekatholisierung mancher Gebiete im Erzbistum ein. Sie stammten von 1583 bis 1761, also für knapp 180 Jahre, aus dem katholischen Haus der bayerischen Wittelsbacher und waren, wie viele Fürsten ihrer Zeit, Träger einer adelig-

Ludwig van Beethoven *(1770–1827). Zum Ausbau von Bonn zur Residenzstadt gehörte auch die Förderung der Hofmusik durch die Erzbischöfe. So war auch Beethoven wie schon sein Vater und Großvater kurfürstlicher Hofmusiker in Bonn.*

höfischen Barockkultur. Als katholische Landesherren waren sie eine wichtige Stütze für die Kirche im Reich. Auch wenn das kurkölnische Territorium im Vergleich zu anderen Staaten eher klein war, wurden die Erzbischöfe doch aufgrund der Lage des Kurstaates und ihrer Position als Kurfürsten zu gefragten Bündnispartnern für die damaligen Großmächte Frankreich, England und Österreich. Aus den Kriegen des 17. Jahrhunderts, vor allem dem Dreißigjährigen Krieg, gelang es den Erzbischöfen allerdings nicht, die rheinischen Lande vollständig herauszuhalten. Zur Ausbildung eines absolutistischen Staates ist es in Kurköln nie gekommen, denn dazu fehlte es an einem schlagkräftigen Heer, und zudem war der Einfluss der Landstände und insbesondere des Domkapitels ungebrochen. Gleich zu Beginn der Wittelsbacher Herrschaft erfolgte 1597 die endgültige Festlegung von Bonn als Haupt- und Residenzstadt der Erzbischöfe und Kurfürsten, was dort zu einem umfassenden Stadtausbau führte.

Auch die letzten beiden Erzbischöfe vor der Säkularisation entstammten dem südlichen Raum des Reiches. Maximilian Franz von Österreich war der jüngste Sohn von Kaiserin Maria Theresia. Ähnlich wie sein Bruder, Kaiser Joseph II. (1765–1790), förderte er die Aufklärung und verstand sich als erster Diener des Staates. In vielen Bereichen, etwa in der Justiz und im Schulwesen, führte Maximilian Franz Reformen durch. Die Bonner Akademie erhob er zur Universität. Es ist nicht ohne Tragik, dass ausgerechnet dieser Erzbischof und Kurfürst, der längst überfällige Reformen tatkräftig anging, 1794 vor den französischen Revolutionstruppen fliehen und den Untergang von Kurstaat und Erzbistum erleben musste.

DIE SÄKULARISATION –
UNTERGANG DES ERZBISTUMS?
1794–1815/21

DAS RHEINLAND WIRD FRANZÖSISCH

Das linke Rheinufer ist an Frankreich abgetreten; wer fürchtet da nicht die Leiden, welche in diesen unseren Ländern über die katholische Religion kommen werden? So fragte sich der Kölner Augustinermönch Anno Schnorrenberg am 17. Februar 1801, wenige Tage nach dem Frieden von Lunéville (9. Februar), mit dem das seit 1794 besetzte linksrheinische Gebiet offiziell dem französischen Staat eingegliedert worden war. Tatsächlich brachte die bald folgende Säkularisation den gravierendsten Einschnitt in der gesamten bisherigen Geschichte des Erzbistums, deren Auswirkungen bis heute reichen. Unter Säkularisation – der Begriff ist von dem der »Säkularisierung« zu unterscheiden – versteht man die Enteignung von Kirchengut, meist durch den Staat, sowie dessen

Zuführung zu profanen Zwecken. Faktisch ging damit die Aufhebung der jeweiligen geistlichen Gemeinschaften einher.

Die Vorgeschichte der Ereignisse beginnt 1789 mit der Französischen Revolution, den seit 1792 geführten Revolutionskriegen und der endgültigen Eroberung des gesamten linksrheinischen Deutschlands durch französische Truppen 1794. Köln fiel am 6. Oktober in ihre Hände, Bonn am 8. Oktober. Schon zuvor waren

Jakobinermütze, *um 1793. Symbol der Französischen Revolution.*

Erzbischof Maximilian Franz, das Domkapitel und weitere hohe Geistliche ins westfälische Arnsberg geflohen, von wo aus in den nächsten Jahren die verbleibenden rechtsrheinischen Teile von Erzbistum und Kurstaat verwaltet wurden. Der weitere

Marc Antoine Berdolet *(1740–1809),*
seit 1802 Bischof des napoleonischen
Bistums Aachen, 1807

Weg von Maximilian Franz, dem letzten Kölner Erzbischof und Kurfürsten, führte quer durch ganz Deutschland und endete 1800 in Wien, wo er ein Jahr später starb.

Im Linksrheinischen bestanden das Erzbistum ebenso wie die Stifte und Klöster zunächst noch weiter, doch kam es durch gesetzliche Maßnahmen der Besatzer, Beschlagnahmungen und Kontributionen zu empfindlichen Einschränkungen des Handlungsspielraums der geistlichen Gemeinschaften. Mit dem Frieden von Lunéville wurde der Rhein zur Staatsgrenze und blieb es für mehr als ein Jahrzehnt. Köln, Bonn, Neuss und andere waren bis 1814 französische Städte.

DAS KONKORDAT

1801 kam es auch zum Abschluss eines Konkordates zwischen Napoleon – er hatte inzwischen die Macht in Frankreich übernommen – und Papst Pius VII. bzw. zwischen Frankreich und dem Heiligen Stuhl. Dieses Vertragswerk war die Grundlage für die Neuordnung des Verhältnisses zwischen dem nachrevolutionären Frankreich und der katholischen Kirche. Für das Rheinland hatte es das Ende der mehr als tausend Jahre alten drei rheinischen Erzbistümer Köln, Trier, Mainz und der Bistümer Lüttich,

Speyer, Worms wenigstens für die jeweils linksrheinischen Teile sowie die Errichtung der neuen Bistümer Aachen, Trier und Mainz zur Konsequenz. Zudem sanktionierte der Papst *im Interesse des Friedens und der glücklichen Wiederherstellung der katholischen Religion* die in Frankreich bereits erfolgte Säkularisation und sicherte implizit ein Stillhalten für künftige Enteignungen von Kirchengut in den neuen französischen Gebieten zu, was das Vorgehen der nächsten Jahre wenigstens indirekt legitimierte.

Napoleon strebte, mehr aus realpolitischem Kalkül als aus religiöser Überzeugung, eine neue Zusammenarbeit von Staat und Kirche an. So wurden »Kirche und Religion, denen die Revolution feindlich gegenübergestanden hatte, nicht nur respektiert,

Napoleon überquert den Großen St. Bernhard, Ölgemälde von Engelbert Willmes (nach Jacques-Louis Davis), um 1810

sondern sogar ausdrücklich beschützt und gefördert, zugleich allerdings der strengen Aufsicht des Staates unterstellt« (W. Janssen). Staatliche Kontrolle und Einfluss waren massiv. So räumte das Konkordat nicht etwa kirchlichen Stellen, sondern dem Ersten Konsul, also Napoleon, das Recht zur Ernennung der Bischöfe ein – eine recht ausgeprägte Form von Staatskirchentum, die ins weitere 19. Jahrhundert verweist. Gleichwohl lag dem Konkordat eine bemerkenswert richtige, realpolitische Einschätzung der Situation durch die römische Kurie zugrunde, denn die Anerkennung der Kirche und der Kirchenorganisation als solche war ja gesichert – mit ihren Bistümern und Pfarreien, nicht zuletzt auch als Vermögensträger und juristische Personen. So wurde das Konkordat etwa in Köln am 15. Mai 1802 freudig verkündigt, wie der Bericht Schnorrenbergs widerspiegelt: *Die gesamte Geistlichkeit wurde in den Dom entboten mit Fahnen und Kreuzen. Um halb elf begann Abt Braun von St. Pantaleon das musikalische Hochamt, dann wurde das Tedeum gesungen. Bei dieser Feier wurde[n] auf dem Rathausplatz die Erneuerung der öffentlichen Ausübung der römisch-katholischen Religion in Frankreich und der Vertrag zwischen dem Papst und der französischen Republik verkündet.*

Die unmittelbare Folge des Konkordates war die mit einer Neuordnung der Kirche einhergehende Aufhebung des Erzbistums Köln im Linksrheinischen. An seine Stelle trat noch 1801 das Bistum Aachen, wobei für die Wahl des Bistumssitzes die Verehrung Napoleons für den im dortigen Dom begrabenen Karl den Großen den Ausschlag gab. Der Kölner Dom hingegen wurde zur einfachen Pfarrkirche. Das neue Bistum war geographisch exakt an den Grenzen der inzwischen eingerichteten Departements »de la Roer« (Rur) sowie »de Rhin-et-Moselle« (Rhein und Mosel) ausgerichtet. Erster Aachener Bischof war der französischstämmige, allerdings des Deutschen mächtige Marc Antoine Berdolet (1802–1809) , ein glühender Verehrer Napoleons. Nach mehr als anderthalb Jahrtausenden war damit das Ende des Erzbistums Köln gekommen. Es bestand nur noch im Rechtsrheinischen gleichsam als Rumpfbistum weiter, jedoch ohne Bischof, Kathedrale und Domkapitel. Die Verwaltung nahm ein Kapitularvikar zunächst von Arnsberg, seit 1805 dann von Deutz aus wahr. Dieses Provisorium sollte mit einer

Wie alle französischen Bischöfe erhielt auch Berdolet von Napoleon Ring, **Bischofsstab** *(um 1798), Mitra und Brustkreuz als Zeichen der Abhängigkeit und Pflichten gegenüber dem Ersten Konsul und dem Staat.*

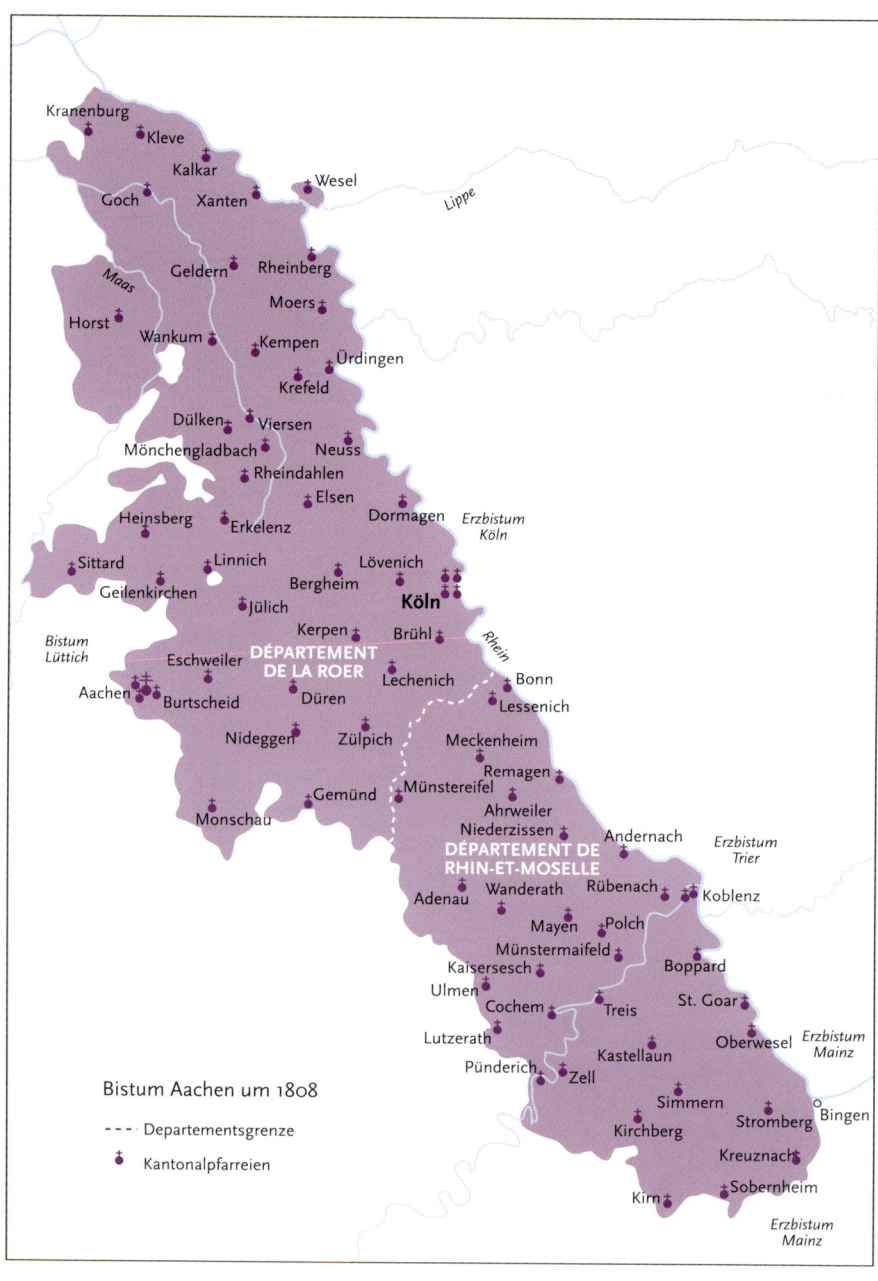

Kranenburg
Kleve
Kalkar
Goch
Xanten
Wesel
Lippe
Geldern
Rheinberg
Moers
Horst
Wankum
Kempen
Ürdingen
Krefeld
Dülken
Viersen
Mönchengladbach
Neuss
Rheindahlen
Elsen
Heinsberg
Erkelenz
Dormagen
Erzbistum Köln
Sittard
Linnich
Lövenich
Bergheim
Köln
Geilenkirchen
Jülich
Bistum Lüttich
Kerpen
Brühl
Rhein
Eschweiler
DÉPARTEMENT DE LA ROER
Lechenich
Bonn
Aachen
Burtscheid
Düren
Lessenich
Nideggen
Zülpich
Meckenheim
Gemünd
Münstereifel
Remagen
Monschau
Ahrweiler
Niederzissen
Andernach
Erzbistum Trier
DÉPARTEMENT DE RHIN-ET-MOSELLE
Adenau
Wanderath
Rübenach
Koblenz
Mayen
Polch
Münstermaifeld
Boppard
Kaisersesch
Ulmen
Cochem
Treis
St. Goar
Lutzerath
Oberwesel
Erzbistum Mainz
Pünderich
Kastellaun
Zell
Simmern
Stromberg
Bingen
Kirchberg
Kreuznach
Sobernheim
Kirn
Erzbistum Mainz

Bistum Aachen um 1808

- - - - Departementsgrenze

● Kantonalpfarreien

neuen Bistumsorganisation auch im Rechtsrheinischen sein Ende finden, doch kam es dazu erst 1821/25 im Zuge der Wiedererrichtung des Erzbistums Köln. Daher bildet das klägliche Restbistum trotz des Abbruchs der Kölner Bischofsliste für mehr als 20 Jahre eine wenn auch dünne Kontinuitätslinie zwischen dem erstmals 313 erwähnten alten und dem heutigen neuen Erzbistum Köln.

DIE SÄKULARISATION

Schon ein Jahr nach dem Konkordat erließen die französischen Konsuln mit Napoleon Bonaparte an der Spitze am 9. Juni 1802 einen Beschluss, der die Aufhebung fast aller Klöster und Stifte in den nunmehr zu Frankreich gehörenden linksrheinischen Gebieten sowie die Verstaatlichung ihres Besitzes anordnete. In den nächsten Wochen erfolgte die eigentliche Durchführung der Säkularisation und war noch vor Jahresschluss beendet – ein rasches, effektives und gründliches Vorgehen der französischen Staatskommissare. Die Säkularisation war im Rheinland alles andere als ein gewalttätiger oder revolutionärer Akt, sondern Verwaltungshandeln auf gesetzlicher Grundlage. Der moderne Staat trat hier seinen Untertanen gegenüber.

Kapelle St. Joseph (1716 Konsekration) des **Theresienhospitals** *in Düsseldorf. Das Theresienhospital gehört zu den wenigen in der Säkularisationszeit fortbestehenden Klöstern; existierte, von unterschiedlichen Orden belegt, bis 2008.*

Romantischer Blick auf die Chorruine der 1803 aufgehobenen und 1809 niedergelegten Zisterzienserabtei **Heisterbach***, Carl Hasenpflug, 1840*

Im Ergebnis ging in nur wenigen Wochen die einzigartige Kloster- und Stiftslandschaft des Rheinlandes unter. Allein in der Stadt Köln wurden fast 70 geistliche Gemeinschaften aufgehoben, und im gesamten linksrheinischen Gebiet des Erzbistums kommt man auf 219 Klöster und Stifte. Immerhin blieben einige wenige Klöster (elf im linksrheinischen früheren Erzbistum) bestehen, die sich ausschließlich dem Unterricht oder der Krankenpflege widmeten. Hierzu zählten die Alexianer in Köln und Neuss, die Ursulinen und vier Cellitinnenkonvente in der Stadt Köln. Die meisten der fortbestehenden Konvente führten in den ersten Jahrzehnten nach 1802 eine nur kümmerliche Existenz, doch ergeben sich einige beachtliche Kontinuitäten: Die Neusser Alexianerniederlassung etwa besteht seit circa 1450 bis heute ununterbrochen fort.

Für das übrige Deutschland rechts des Rheines und damit für die dortigen Gebietsteile des Erzbistums bildete 1803 der Reichsdeputationshauptschluss, mit dem das Reich neu geordnet werden sollte, die Grundlage für die Säkularisation. Auch im

Die romantisierende Ansicht der Ruine des **Altenberger Doms** *(Caspar Scheuren, 1878) entstand 30 Jahre nach Wiederherstellung des Baus, dessen Verfall nach der Säkularisation der Abtei (1803) eingesetzt hatte.*

Rechtsrheinischen begann daraufhin die Aufhebung der Klöster und Stifte, aufs Ganze gesehen jedoch weitaus weniger zügig und in mehreren Schüben. So wurde das Franziskanerkloster in Hamm erst 1821 säkularisiert. Dennoch blieben auch im rechtsrheinischen Teil des Erzbistums von 123 geistlichen Gemeinschaften nur sieben Klöster erhalten.

Widerstand oder Proteste gegen die Aufhebungen der Stifte und Klöster gab es vonseiten der Bevölkerung wie des Klerus gar nicht oder nur sehr vereinzelt. Ein wesentlicher Grund dafür war der von den Gedanken der Aufklärung bestimmte Zeitgeist. Kritisiert wurden religiöse oder wirtschaftliche Zustände geistlicher Gemeinschaften,

was nur in Einzelfällen berechtigt war. Insbesondere aber blieben der Aufklärung klösterliche Askese und monastisches Leben fremd und erschienen nutzlos. Selbst der letzte Kölner Erzbischof und Kurfürst meinte 1784: *Viele alte Mönche, der Trägheit gewohnt, setzen ihren ganzen Beruf und ihr Heil ins Chorsingen. Doch muß dieses dem allgemeinen Nutzen und dem Nächstendienst allemal nachstehen.* So wird man die Säkularisation, wie sie im Rheinland verlief, als klosterfeindlich, keineswegs aber als kirchenfeindlich beurteilen müssen. Deren Ziele lagen vor allem im fiskalischen Bereich: Mithilfe des reichen Besitzes geistlicher Institutionen wollte der französische Staat etwa seine Finanzen sanieren, die nicht zuletzt durch die militärischen Unternehmungen Napoleons angespannt waren.

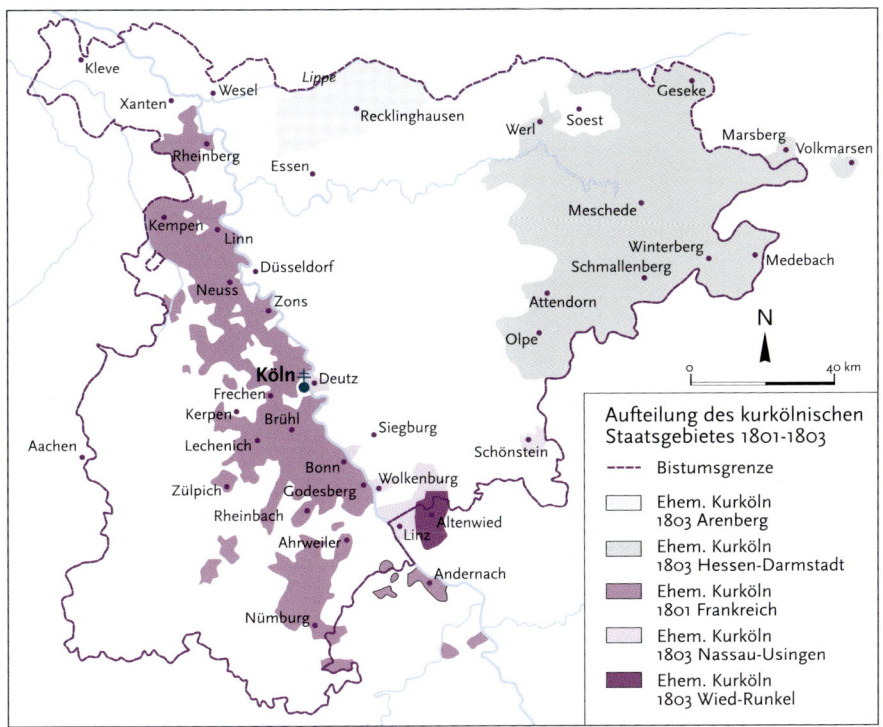

Aufteilung des kurkölnischen
Staatsgebietes 1801-1803

- - - - Bistumsgrenze

Ehem. Kurköln
1803 Arenberg

Ehem. Kurköln
1803 Hessen-Darmstadt

Ehem. Kurköln
1801 Frankreich

Ehem. Kurköln
1803 Nassau-Usingen

Ehem. Kurköln
1803 Wied-Runkel

DAS ENDE DES KURSTAATES

Mit dem Reichsdeputationshauptschluss von 1803 kam es indessen auch zur endgültigen Aufhebung des Kurstaates, der in seinen rechtsrheinischen Teilen ja bis dahin
noch weiterexistiert hatte. Das gleiche Schicksal ereilte auch die übrigen geistlichen
Staaten Deutschlands sowie die meisten Reichsstädte. Hierzu gehörten auf dem Gebiet des Erzbistums Köln das Stift Essen, die Reichsabtei Werden sowie die Reichsstadt Dortmund. Die entsprechenden Gebiete sollten, ebenso wie die säkularisierten
Klöster und Stifte, den Fürsten als Entschädigung für verlorene Gebiete im Linksrheinischen dienen. Mit dem Ende des Kölnischen Kurstaates war die über viele Jahrhunderte bestehende Doppelfunktion der Kölner Oberhirten als geistliche und weltliche
Herrscher, als Erzbischöfe und Kurfürsten endgültig und unwiederbringlich beendet.
Wie Josef Kardinal Höffner, einer ihrer Nachfolger, einmal treffend formuliert hat, war es
aus heutiger Sicht kein Unglück, dass dem Kölner Erzbischof das Schwert aus der Hand
genommen wurde und dieser sich fortan mit dem Krummstab begnügen musste.

DIE FOLGEN DER
SÄKULARISATION

Ein so einschneidendes Ereignis wie die
Aufhebung von weit mehr als 200 geistlichen Gemeinschaften alleine im Erzbistum Köln zeitigte weitreichende Folgen
für viele verschiedene Lebensbereiche:
Die Säkularisation war eine epochale
Umbruchsituation, die eine Reihe von
gesellschaftlichen Prozessen in Gang
setzte, die bisweilen eine modernisierende Wirkung hatten und hier lediglich
angedeutet werden können.

Im Bereich der Kunst war von den
Aufhebungen der Klöster und Stifte eine
quantitativ und qualitativ kaum zu über-
blickende Menge an sakralen Kunstwer-
ken wie Altargemälden, Schreinen, Kel-
chen, Paramenten, Kirchenfenstern, Or-

Neusser Münster *von Nordwesten; der Stahlstich von
Ludwig Rausch (vor 1843) zeigt, wie durch die* **Niederlegung der Stiftsgebäude** *(nördl. des Münsters) im
Zuge der Säkularisation die Kirche weitgehend freigelegt
und so ihrer ursprünglichen Umgebung beraubt wurde.*

geln und liturgischen Handschriften betroffen. Alle diese Objekte büßten ihre genuin
kirchliche Funktion ein, und so wurden viele Kunstwerke verramscht, verschleudert
oder zerstört. Andere kamen in die Hände von französischen Kommissaren oder von
Sammlern. Auf diese Weise wurde etwa manches mittelalterliche Tafelgemälde vor
dem Untergang gerettet und zugleich der Grundstock zu etlichen heutigen Museen
gelegt. Auch der moderne Kunsthandel nahm hier seinen Ausgang.

Mit der Säkularisation standen ferner unzählige Kirchen mitsamt ihrer natür-
lichen Umgebung, den oft ausgedehnten Klosteranlagen und Immunitätsbezirken,
zur Disposition. Viele Gotteshäuser wurden abgerissen, oft erst Jahrzehnte nach der
Säkularisation. Anderswo blieb die Kirche erhalten, wurde aber durch die Niederlegung
der Klosteranlage aus ihrer ursprünglichen architektonischen und funktionalen Umgebung herausgelöst. So wandelte sich manches rheinische Stadtbild erheblich.

Unmittelbar betroffen von dem Geschehen waren die Kanoniker, Kanonissen,
Nonnen und Mönche der geistlichen Gemeinschaften, die oft binnen weniger Tage ihr
Stift oder Kloster verlassen mussten, meist aber zum Ausgleich Pensionen erhielten.

Einen Großteil des umfangreichen, nunmehr »an die Nation« gelangten Immobilienbesitzes der säkularisierten Klöster und Stifte veräußerte insbesondere der französische Staat im Linksrheinischen durch Versteigerungen, vor allem in dem Jahrzehnt zwischen 1803 und 1813. Dadurch ergab sich im Rheinland eine Vermögens- und Besitzumschichtung in einer Größenordnung, für die man am ehesten noch die Besitzumschichtungen in Mittel- und Ostdeutschland nach 1945 als Vergleich heranziehen kann. An wen gelangten diese Immobilien? Hier müssen falsche Vorstellungen nachdrücklich zurückgewiesen werden: Keineswegs verschacherten »Feinde der Kirche« ehemalige Kirchengüter, sondern die Käufer waren überwiegend katholisch – wie die Mehrheit der rheinischen Bevölkerung. Überdies kamen weniger »kleine Leute« zum Zuge als vielmehr die traditionellen einheimischen Führungsschichten wie Kaufleute, Fabrikanten, Bankiers, Rentiers, Notare. Für Köln seien etwa die Namen Herstatt und Schaaffhausen genannt. Dadurch änderte sich langfristig die soziale Schichtung der Gesellschaft; die Güterverkäufe bilden einen wichtigen Baustein zur Konstituierung der bürgerlichen Gesellschaft des 19. Jahrhunderts.

Meister der hl. Sippe und Werkstatt: **Gregorsmesse**, *um 1495/1505; ursprünglich Mitteltafel eines Triptychons der Zisterzienserabtei* **Heisterbach**, *das nach der Säkularisation in verschiedene Sammlungen gelangte und heute auf Museen in Köln, München und Bamberg verteilt ist.*

Napoleonstag – Mariä Himmelfahrt

Von den Feierlichkeiten zum gleichzeitig mit dem Fest Mariä Himmelfahrt begangenen Napoleonstag berichtete Dorothea, die Ehefrau von Friedrich Schlegel, in einem Brief an ihren Sohn Philipp: *Köln, 15. August 1806. ... Heute solltest Du hier sein, lieber Philipp, Köln ist in der vollen Glorie. Seit gestern um 5 Uhr unaufhörliches Schiessen und Läuten, die Fenster beben von der grossen Domglocke. ... Um 8 Uhr fing die Prozession an ... Halb war es eine Parade, halb eine Prozession ...; Weihrauch, Pulverdampf, Pferdegetrappel und Infanteriemarsch; Bruderschaftsfahnen, Kreuze, dann goldene Adler, die Geistlichkeit, von Grenadieren und Dragonern eingefasst, ... dann ›Gegrüsst seist du Maria‹; Pfeiffen und Trommeln; ›Königin des Himmels, bitt für uns!‹ dazwischen Puff, Paff – die Kanonen und das Geläute, als wolle Köln untergehen. Es war in der That ganz wunderbar. Wer sich blos am äussern Schauspiel ergötzte, dem konnte es vorkommen, als wär' es die Vereinigung der Geistlichkeit und des Kriegers ... Unsere Gertrud hätte ich Dir zu sehen gewünscht, die war wie halb verrückt. ›Gott, wat en Dag, wat en Dag!‹ rief sie beständig; ›wie muss et erst im Himmel schön sinn!‹*

FRÖMMIGKEIT UND KIRCHLICHES LEBEN

In den Jahren nach 1794 war es im Linksrheinischen seitens der französischen Besatzungsmacht zu Beschränkungen auch des gottesdienstlichen Lebens gekommen. Spektakuläre Aktionen wie die 1799 vorgenommene Umwandlung der früheren Kölner Jesuitenkirche St. Mariä Himmelfahrt in einen »Tempel des Gesetzes« blieben jedoch die Ausnahme. Manche populären Vorstellungen sind schlichtweg übertrieben; so diente der Kölner Dom keineswegs als Pferdestall, sondern von 1796 bis 1801 als Heeresmagazin und Getreidelager.

Mit dem Konkordat von 1801 begann eine neue Phase, und die Versöhnung des nachrevolutionären Frankreich mit der Kirche prägte auch das kirchliche Leben. Es wurde vom Staat gefördert, aber auch kontrolliert. So bestimmte man 1804 den Mariä-Himmelfahrts-Tag (15. August) zum Fest des hl. Napoleon – Napoleon Bonaparte hatte am 15. August 1769 das Licht der Welt erblickt. An der doppelten Belegung dieses Tages wird das Nebeneinander von staatlich verordnetem und traditionellem kirchlichen Kult deutlich.

Das Säkularisationsgeschehen brachte für das kirchliche Leben langfristig durchaus einige strukturelle Vorteile. Hierzu zählt zweifelsohne das Ende der Adelskirche, das mit dem Ende von adeligen Domkapiteln und Stiften gekommen war. Mit dem Aachener Bischof Berdolet und anderen Oberhirten etwa in Mainz und Trier erlebte das Rheinland die ersten rheinischen Bischöfe überhaupt, die nicht dem Adel entstammten. Für die folgenden Jahrzehnte ist eine deutliche Verbürgerlichung des Klerus und damit der Kirche auf allen Ebenen feststellbar.

Weitgehend ungebrochen zeigte sich zudem eine volkstümliche Frömmigkeit, die sich im Bruderschaftswesen, in Prozessionen und Wallfahrten niederschlug. In einer Zeit, in der die Kirche durch die Säkularisationsereignisse äußerlich stark geschwächt war, lagen gar die Wurzeln zu einem um 1800 noch kaum zu ahnenden Wiederaufstieg der Kirche. Hier sind auch die tieferen Gründe für die 1808 in Köln erfolgte Konversion des Philosophen Friedrich Schlegel (1772–1829) und seines romantisch gefärbten Katholizismus zu suchen. Wie das Beispiel der Trierer Hl.-Rock-Wallfahrt von 1810 mit mehr als 200.000 Teilneh-

Pfarrkirche St. Martin in Bonn, *nach 1812 niedergelegt. Die Kirche befand sich östlich des heutigen Bonners Münsters, dessen Apsis links im Bild.*

mern zeigt, verstand die katholische Kirche, breite Bevölkerungsmassen anzusprechen sowie Massenreligiosität zu initiieren und organisieren. Dies verweist ins weitere 19. Jahrhundert und auf die Entstehung von »katholischem Milieu« und »Katholizismus«. In der Gesamtschau ergibt sich ein auf den ersten Blick paradoxes Bild: Ausgerechnet die Säkularisation, welche die Kölner Kirche schwerwiegend in ihrer Substanz gefährdete, führte auf längere Sicht zu strukturellen und inneren Reformen und entfaltete eine modernisierende, in vielerlei Hinsicht befreiende Wirkung.

Pfarrorganisation

Zu den Modernisierungsprozessen, die im kirchlichen Bereich durch die Säkularisation angestoßen wurden, gehört auch die Pfarrorganisation, die jetzt erstmals an die realen Verhältnisse angepasst werden konnte. Im Linksrheinischen war durch den Fortfall der früheren Patronatsrechte künftig eine übergreifende pastorale Planung möglich. Im Bistum Aachen kam es daher in den Jahren 1803–1808 zu drei Neuordnungen der Pfarrgebiete. Diese Pfarrumschreibungen erwiesen sich auch in anderer Hinsicht als ausgesprochener Glücksfall: Nicht wenige ehemalige Kloster- und Stiftskirchen wurden nunmehr als Pfarrkirchen genutzt und entgingen so dem Abbruch oder der Profanierung. Auf diese Weise blieben in Köln die wichtigsten romanischen Kirchen sowie der Dom bis heute erhalten.

DAS ERZBISTUM NACH DEM GROSSEN UMBRUCH

1815/21–1837

DAS NEUE ERZBISTUM

Nach der Niederlage Napoleons schlug der Wiener Kongress 1814/15 das überwiegend katholische Rheinland dem tief protestantisch geprägten Königreich Preußen zu. Der Preußenkönig versprach den Rheinländern 1815: *Eure Religion (...) werde ich ehren und schützen.* Zwar musste er in rein religiösen Fragen den Papst als Oberhaupt der Katholiken akzeptieren; er tat dies jedoch nur solange, wie die Staatsraison nicht tangiert war. Die »Katholischen« galt es in den Staat zu integrieren. Die Kirche musste sich in eine

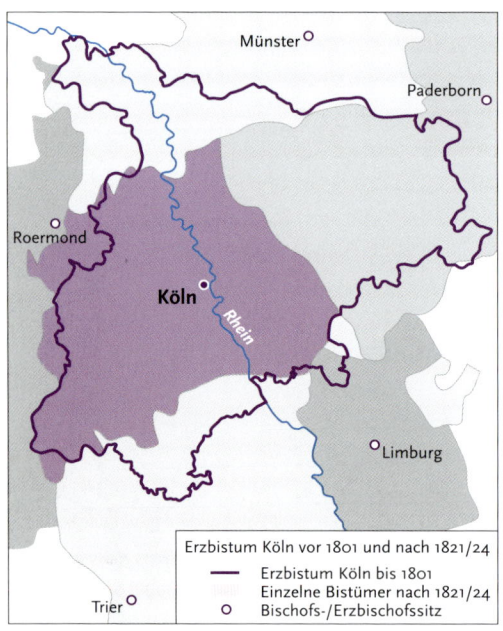

neue Rolle fügen, nun reduziert auf ihren geistlichen Kern, vor allem die Seelsorge. Zur weltlichen Obrigkeit war sie grundsätzlich loyal, aber die Grenzen solcher Koexistenz waren noch nicht ausgelotet.

Die alten Bistümer passten nicht mehr zu den Staatsgrenzen. Jeder Herrscher wollte die Kontrolle über alle »seine« Bürger und in kirchlichen Fragen seiner Untertanen nicht mit einer ausländischen Bistumsleitung konkurrieren müssen. So bestimmte allein die politische Landschaft die kirchlichen Grenzziehungen. 1821 einigten sich Preußen und der Vatikan auf eine Neuordnung der Bistümer. Köln wurde wieder Bischofssitz. Im deutlich verkleinerten Erzbistum Köln lebten rund 800.000 Katholi-

Münster

Paderborn

Roermond

Köln

Rhein

Limburg

Trier

Erzbistum Köln vor 1801 und nach 1821/24
— Erzbistum Köln bis 1801
Einzelne Bistümer nach 1821/24
○ Bischofs-/Erzbischofssitz

Das verkleinerte Erzbistum *seit 1821*

Religiöses Motiv der Rheinromantik *(Szene am aus dem 14. Jh. stammenden Hochkreuz an der Landstraße zwischen Bonn und Godesberg) (aus: The Saturday Magazine vom 26.3.1836)*

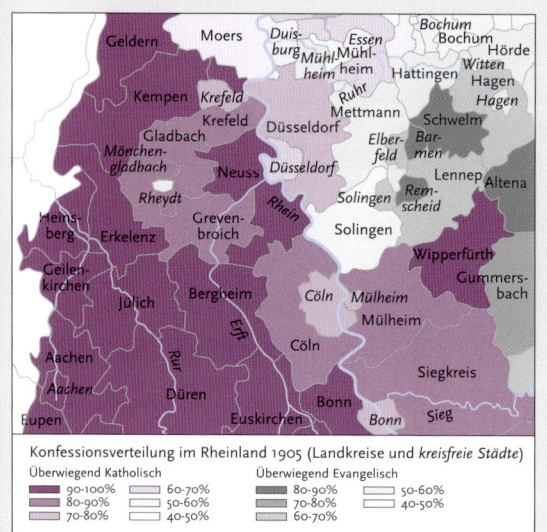

Konfessionsverteilung im Rheinland 1905 (Landkreise und *kreisfreie Städte*)

Überwiegend Katholisch
- 90-100%
- 80-90%
- 70-80%
- 60-70%
- 50-60%
- 40-50%

Überwiegend Evangelisch
- 80-90%
- 70-80%
- 60-70%
- 50-60%
- 40-50%

Die beiden Konfessionen

Von den gut einer Million Menschen, die 1816 auf der Fläche des Erzbistums lebten, waren mehr als 77 Prozent Katholiken. Doch es gab große Unterschiede: Linksrheinisch war die Bevölkerung fast rein katholisch. Das blieb noch lange so, man zählte zum Beispiel noch 1933 in den Pfarreien

- Zülpich 2.326 Katholiken, 76 Protestanten, 91 Juden und sieben Nichtreligiöse,
- Wormersdorf (bei Rheinbach) 1.023 Katholiken, 9 Protestanten, 12 Juden und
- Ülpenich (bei Zülpich) ausschließlich 500 Katholiken.

Anders in Teilen des Rechtsrheinischen: Hier lebten 1816 nur knapp 200.000 Katholiken. Noch um 1900 waren in den Kreisen Gummersbach und Lennep sowie in Solingen und (Wuppertal-)Elberfeld mehr als 70 Prozent, in Remscheid und (Wuppertal-)Barmen

sogar mehr als 80 Prozent evangelische Christen. Andere rechtsrheinische Gebiete waren primär katholisch geprägt. In den Kreisen Siegburg und Wipperfürth zählte man um 1900 an die 90 Prozent Katholiken und mehr. Die Verhältnisse waren die Folge der erwähnten Konfessionalisierung des 17./18. Jahrhunderts.

ken in 687 Pfarreien. Dazu kam faktisch für gut zehn Jahre noch eine weit entlegene Pfarrei an der unteren Maas, die man in den Niederlanden schlicht vergessen hatte, einem Bischof zuzuordnen, sodass sich der Ort wieder an seinen bisherigen Bischofssitz wandte. 76 Pfarreien waren neu hinzugekommen, von den Bistümern Lüttich (zum Beispiel die Stadt Aachen) und Trier. Ganze 150 – oft großräumige – Pfarreien lagen rechts des Rheins, wo mehr als die Hälfte der Bevölkerung protestantisch war.

Für den Verlust der säkularisierten Kirchengüter erhielt die Kirche nun jenen Ausgleich, den der Reichsdeputationshauptschluss, das letzte wichtige Gesetz des alten Reiches, 1803 beschlossen hatte. Als Ausgleich für die Entschädigung weltlicher Fürstentümer auf Kosten der Kirche war dieser eine *feste und bleibende Ausstattung* zur Sicherung der materiellen Basis zugesagt worden. In Preußen waren das nun die sogenannten Dotationen für den Bischof, das Domkapitel, die Bistumsverwaltung und das Priesterseminar. An der Gereonstraße 12 in Köln kaufte der Staat 1824 für den Erzbischof ein Adelspalais. Darin hatte 1811 Kaiser Napoleon bei seinem Kölnbesuch gewohnt. Nun diente es – mit früheren Fürstenresidenzen jedoch nicht vergleichbar – bis zur Zerstörung 1943 zehn Erzbischöfen als Dienst- und Wohnsitz.

In dem 1758 erbauten Palais *wohnten von 1825 bis 1943 die Erzbischöfe von Köln (Gereonstraße 12)*

Erzbischof Graf Spiegel *als Erinnerungsobjekt aus Wachs, nach 1835.*

Erster Oberhirte des wiedererrichteten Erzbistums wurde 1825 der westfälische Adelige Ferdinand August Graf Spiegel (1825–1835). Er war der Zeit entsprechend vom Geist der Aufklärung geprägt und hatte unter Napoleon kurz das Bistum Münster geleitet. Unter den Preußen war er in Kirchenfragen aktiv und zeitweilig als staatlicher Beamter, aber auch als Bischof (für Breslau) im Gespräch. Der Papst ebenso wie der König wollten ihn dann als Erzbischof in Köln.

Von allen Erzbischöfen seit 1821 war Spiegel derjenige mit dem engsten Handlungsrahmen dem Staat gegenüber. Man muss sich vor Augen halten, dass es den Bischöfen (bis 1841) – und zwar mit römischer Zustimmung – verboten war, auf direktem Weg mit dem Hl. Stuhl bzw. dem Papst in Verbindung zu treten. Der »Dienstweg« führte über evangelische Beamte in Berlin. Daran war einstweilen nichts zu ändern, man musste darauf vertrauen, dass der Staat es nicht zum Nachteil der katholischen Kirche (in Preußen) ausnutzen würde. Alle Be-

Für die Rettung der verfallenen Klosterkirche Altenberg *bestand Preußen 1834 auf einer Nutzung durch beide Konfessionen. Die Skizze zeigt – mit zwei Linien – staatliche Pläne von 1854 zur (nicht realisierten) räumlichen Abtrennung der Nutzungsbereiche. Bis heute ist der Altenberger Dom »Simultankirche«.*

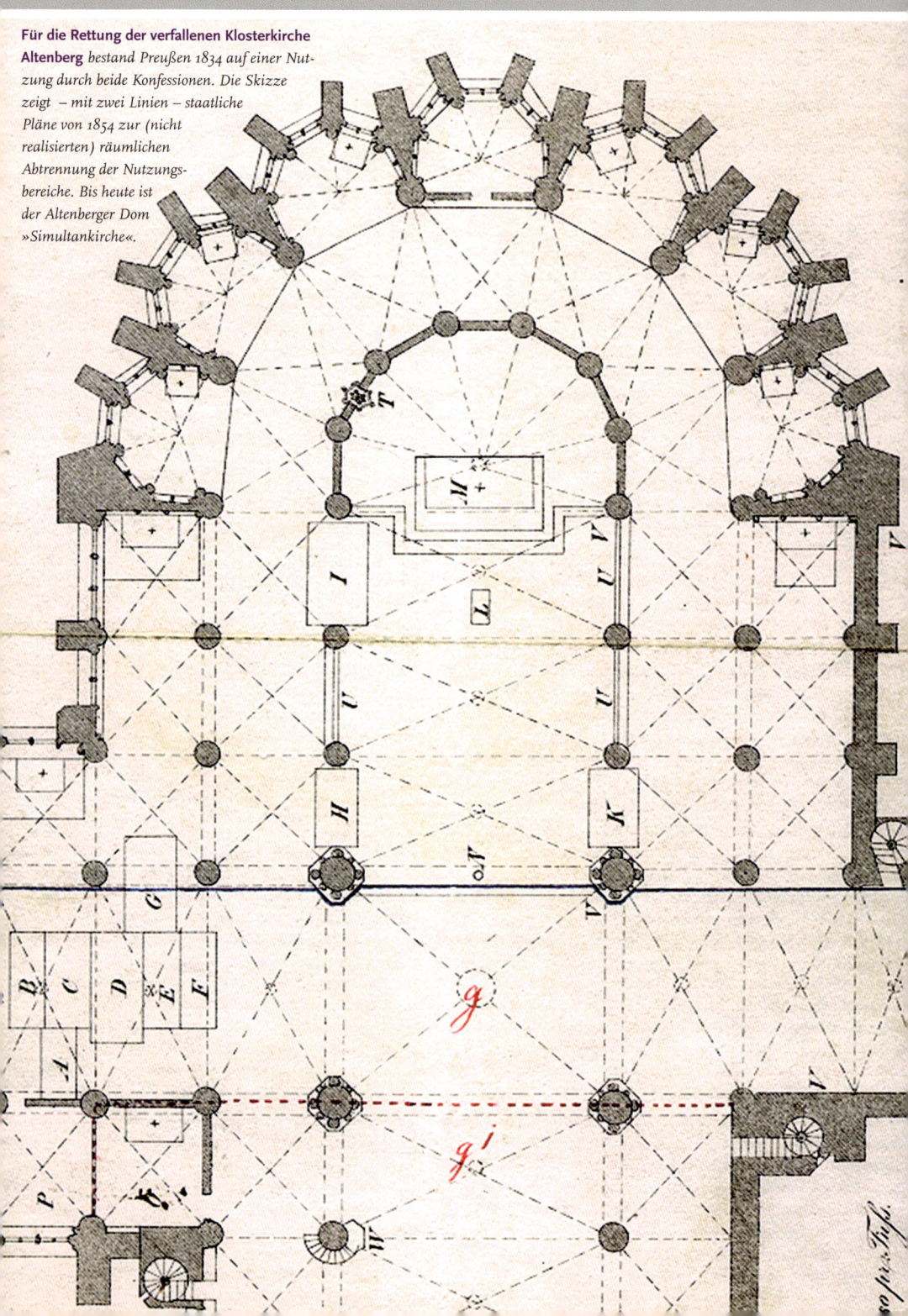

Die Pfarrkirche St. Laurentius in Wuppertal-Elberfeld *(hier 1997) errichtet ab 1829 (Architekt von Vagedes), nach starker Kriegszerstörung wieder aufgebaut*

teiligten suchten jedoch anfangs tatsächlich nach Konfliktvermeidung. Im Grunde bestand hier ein damals weitverbreitetes Staatskirchentum, das die Franzosen unter Napoleon in weit tiefgreifenderer Form vorexerziert hatten.

SPIEGEL UND DIE SEELSORGE

In diesem Klima setzte sich Erzbischof Spiegel intensiv für die Entwicklung des kirchlichen Lebens ein. Erstmals seit dem frühen Mittelalter besaß der Kölner Erzbischof nun, vor allem links des Rheins, direkten gestaltenden Einfluss auf die Besetzung der Pfarrstellen. Die Pfarrer der »Sukkursalpfarreien« konnte er (bis 1888) jederzeit frei versetzen, so wie es heutzutage in der Pfarrseelsorge Standard ist. Die französische Pfarrorganisation hatte jeder Hauptpfarrei eines Kantons (Kantonalpfarreien) solche (bis 1827 unselbstständigen) Hilfs- oder Sukkursalpfarreien zugeordnet. Die Inhaber der Kantonalpfarreien bekamen 1854 bewusst – zur Schaffung von Hierarchien – den Titel »Oberpfarrer« und waren damals auf Lebenszeit im Amt. Noch heute tragen zum Beispiel die Pfarrer in Bad Münstereifel, Neuss und (Grevenbroich-) Elsen diese inzwischen historische Bezeichnung.

Kirchgang nach Schwarzrheindorf bei Bonn *(Lithographie von Wilhelm Oelschig nach einer Zeichnung von Eduard Bendemann), um 1835*

Um die Seelsorge rasch zu verbessern, teilte Spiegel das Erzbistum 1827 flächendeckend in 44 Dekanate mit je 10–20 Pfarreien ein. Diese Neuordnung bewährte
sich für lange Zeit. Die Dechanten wurden sofort zu wirkmächtigen Zwischeninstan-
zen in der Seelsorgeorganisation. Eine in der Geschichte noch nie erlebte pastorale
Effizienz wurde möglich. Die Pfarreien entwickelten sich zu echten Mittelpunkten des
religiösen Lebens.

Rechts des Rheins bestanden noch die alten Patronatsrechte. Meist war es der
Staat, der jetzt in der Nachfolge der aufgehobenen Stifte und Klöster die Besetzungs-
rechte über diverse Pfarrstellen beanspruchte. Damit waren auch – ganz oder teilweise – die Baulastverpflichtungen für die jeweilige Pfarrkirche verbunden (1953 noch
für 58 Pfarreien). Erst nach 1918 konnten diese komplizierten Verhältnisse langsam
modernisiert werden.

Im Vergleich zu heute fehlte es der Zentrale an wirtschaftlichen Grundlagen. Die
pfarrlichen Finanzen lagen ganz in örtlichen Händen. Daher gab es in Köln auch keine
große Verwaltungsbehörde. Das Generalvikariat beschäftigte um 1825/30 ganze 13
Mitarbeiter; um 1900 waren es gerade 32; erst in den 1960er- und 1970er-Jahren entstand die heutige große Behörde.

Spiegel war die Stärkung der Pfarreien als Ort der Seelsorge und der Glaubenspraxis wichtig. Die bisherige Selbstverständlichkeit des Religiösen war latent gefährdet durch aufgeklärt säkulare Haltungen, die auch die Franzosenzeit hindurch spürbar gewesen waren, und einen kritischen »Vernunftglauben« höherer Kreise des Bürgertums und der Intelligenz. Beunruhigt war der Klerus auch – schon vor der Industrialisierung – wegen der mancherorts beginnenden Trennung von Wohn- und Arbeitswelt. Wo Gewerbetreibende und Landarbeitende zu den Gewerbezentren zogen, begann die Auflösung von in sich geschlossenen Lebenswelten.

Rasch kam es unter Erzbischof Spiegel zu einer »inneren Verlebendigung des kirchlichen Lebens vor Ort« (W. Evertz). Dass dafür Formen barocker Volksfrömmigkeit zum Beispiel im Bereich der mehrtägigen Wallfahrten und der lokal sehr selbstbewussten Bruderschaften durch die Bistumsleitung eingeschränkt wurden, war für das Kirchen-

Der Bonner Theologieprofessor
Georg Hermes

volk schmerzlich, lag aber im Trend der Zeit seit dem (späten) 18. Jahrhundert. 1825 zogen – letztmalig vor dem Wallfahrtsverbot von 1826 – rund 3.000 Gläubige aus Köln und Umgebung nach Kevelaer. Auch die Feiertage waren nun (1832) reduziert auf noch sieben kirchliche (vor 1828 rechtsrheinisch: 37).

Die Träger neuer Akzente in der Seelsorge waren pastoral-praktisch aufgeschlossene Priester, zunehmend auch solche, die an der neuen Universität Bonn (gegründet 1818) theologisch im Geist des Theologen und Philosophen Georg Hermes geformt waren, der nach wissenschaftlich-rationaler Rechtfertigung des Glaubens suchte. Sie wollten eine zeitgemäße Gestaltung der Seelsorge im »Geist lebendiger Auseinandersetzung mit der modernen Weltanschauung« (W. Lipgens). Dem Staat fühlten sie sich durchaus verbunden. Für den Erzbischof war es mühsam, Einfluss auf die Bonner Theologenfakultät zu nehmen.

Noch sah man in Deutschland kein wirksames Mittel gegen die zunehmende Verelendung weiter ländlicher Kreise in vorindustrieller Zeit – ausgelöst durch das Bevölkerungswachstum. Die Kirche sah das Problem vielfach noch als »gottgegeben« an. Man favorisierte zum Beispiel ein Festhalten an der jahrhundertealten, gewachsenen ständisch-feudalen Ordnung, in der jeder seinen festen Platz gehabt hatte.

DAS ERZBISTUM IM KÖNIGREICH PREUSSEN SEIT DEM »KÖLNER EREIGNIS«

1837–1866/70

DAS »KÖLNER EREIGNIS«

Dass von einem Ereignis in Köln 1837 geradezu epochale Veränderungen für die Kirche ausgehen würden, kam überraschend. In der Zuspitzung des Geschehens um die Person von Erzbischof August Freiherr von Droste zu Vischering (1836–1845) entdeckten die Katholiken schlagartig ihre kirchliche Unfreiheit.

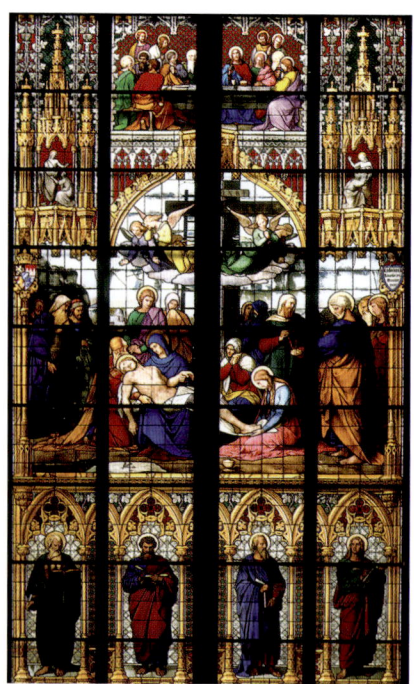

Der vorher in Münster kirchlich führend tätige Droste wurde als Wunschkandidat von Kronprinz Friedrich Wilhelm IV. zum Erzbischof. Droste war streng traditionsbewusst, gegen jede Art von Aufklärung und »tief fromm, jedoch kontaktarm und undiplomatisch« (N. Trippen). In Köln war er anfangs wenig beliebt. Sofort ging er rigide gegen die durch den Bonner Professor und Kölner Ehrendomherrn Georg Hermes geprägten Theologen in der – schon seit 1821/25 – staatlich beeinflussten Priesterausbildung vor. 1835, als Hermes bereits tot war, hatte der Papst nach erfolgten Denunziationen dessen Lehren und Schriften verurteilt. Das aktive Vorgehen des neuen Erzbischofs gegen die »Hermesianer« war für den Staat, der die Theologenausbildung klar mitbestimmen wollte, ein Affront. Drostes Entschiedenheit in Sachen der Mischehen brachte dann das Fass zum Überlaufen.

Domfenster, *vom Bayern-König Ludwig I. gestiftet und 1842–1848 gefertigt.*

Widmungsblatt zur Papstadresse *der Kölner Erzdiözesanen an Papst Pius IX., 1848*

Mischehen

Zum Gradmesser der religiösen Eigenständigkeit der Kirche vom Staat wurde die alle (Volk, Kirche, Staat) be-rührende Frage der Kindererziehung in konfessionell gemischten Ehen (»Mischehen-Frage«). Das Kirchenrecht fordert für das Ehesakrament das Versprechen des katholischen Teils, die Kinder katholisch zu erziehen. In Preußen – und seit 1825 auch am Rhein, was religiös wie sozial Ängste schürte, weil der Protestantismus in den höheren Schichten an Raum gewann – richtete sich die Erziehung allein nach der Religion des Vaters. Dass der Mann auf sein Recht verzichten sollte, empfand der Staat, bis hinauf zum König, für Beamte und Soldaten als

Erzbischof Clemens August
Freiherr Droste zu Vischering
(Gemälde von F. Ittenbach, 1839)

»empörend«. Kompromissversuche scheiterten, weil der Staat stets die feierliche kirchliche Zeremonie (Einsegnung) im Blick hatte, der Papst aber ab 1830 bei einer kirchlichen Hochzeit auf dem Versprechen katholischer Kindererziehung bestand. Nun bewegte »Berlin« die rheinisch-westfälischen Bischöfe 1834 zu einer nieder-schwelligen Lösung: Die Priester sollten auf dieses Versprechen verzichten, wenn keine klaren Signale für eine protestantische Glaubenserziehung der Kinder vor-lägen. Der Staat bestand darauf, dass diese »weiche« Lösung gegenüber Rom geheim gehalten wurde. Auf dem Sterbebett, Ende 1836, »outete« der Trierer Bischof in einem Brief Rom gegenüber diese Vereinbarung.

Erzbischof Droste hatte diese Lösung in Köln vor dem Amtsantritt (1835) formal akzeptiert, wohl ohne sich in die inneren Widersprüchlichkeiten hineinzudenken. 1836/37 musste er sich erklären. Es kam zum Eklat bzw. zum »Kölner Ereignis«.

Als Droste 1837 den dem Staat wichtigen, aber in sich zweifelhaften und Rom gegenüber labilen »Deal« Spiegels und der drei anderen Bischöfe von 1834 aufkün-digte und damit in den Augen des Staates legitime Abmachungen boykottierte, war er für die Verantwortlichen des spätabsolutistischen Staates untragbar geworden. Da er nicht zurücktreten wollte, holte man ihn mit Polizeigewalt am 20. November 1837 in seinem Palais ab zur Haft in der Festung Minden in Ostwestfalen.

Unter den Bürgern regte sich Kritik am nun Härte zeigenden »Polizeistaat«. Als auch Papst Gregor XVI. unverzüglich scharf protestierte und sich öffentlich hinter Droste stellte, lief eine Welle der Solidarität durch Deutschland. In der Erkenntnis ihrer äußeren Machtlosigkeit eröffnete sich den Katholiken »von Rom her eine andere Perspektive des Widerstands ..., die von nun an für ihr Bewußtsein bestimmend wirkte« (W. Damberg). Konfessionelles Selbstbewusstsein war nun »ultramontan«, das heißt auf den Papst jenseits der Berge (Alpen) – von lateinisch: ultra montes – ausgerichtet, so der abwertende Begriff der Kritiker einer sehr romnahen Kirche. Das war möglich geworden, weil die deutschen Bischöfe seit der Säkularisation geringere Unabhängigkeit von Rom besaßen, nun im *steifleinenen Habit statt des alten, reichbe-stickten Purpurmantels; ein[em] Rohrstengel statt des Szepters verlorener Landesherrlich-*

Joseph Görres *kniend (vor der Gottesmutter) in dem nach ihm benannten Dom-Fenster (von 1855/56).*

keit, dazu die Dornenkrone der Dienstbarkeit (J. Görres). Der Rom nahe, nun streng päpstlich gesinnte Katholizismus wurde für ganz Deutschland zur bestimmenden und innovativen religiösen Kraft, bald auch mit politisch-gesellschaftlichem Gewicht. Dazu trug die politisch-religiöse Publizistik stark bei; so die im Januar 1838 erschienene aufrüttelnde Streitschrift »Athanasius« des katholischen Publizisten Joseph Görres, der *Religionsfreiheit und bürgerliche Gleichheit der Konfession* forderte. Es kam zu öffentlichen Protesten und Unruhen. In Köln stürmte eine große Volksmenge die Wohnung des Dompfarrers aus Verärgerung wegen der Staatsnähe des Domkapitels.

Preußen fürchtete um die Integration seiner Westprovinzen (die Hälfte »seiner« katholischen Bürger lebte dort bzw. – kirchlich – in den rheinisch-westfälischen Bistümern) und verhandelte 1840 mit dem Vatikan. Droste, in den Augen der Katholiken sozusagen Märtyrer der Freiheit, durfte aber nicht nach Köln zurück und lebte bis zu seinem Tode 1845 in Westfalen. 1841 erlaubte die Regierung unter anderem den freien Kontakt in religiös-kirchlichen Fragen zwischen Bischöfen und römischer Kurie sowie die völlige Eigenständigkeit in der Mischehen-Frage. Andernorts, auch in katholischen Staaten, konnte die Kirche damals von solch freiheitlichem Rechtsstatus nur träumen. Vermittelt über den bayerischen und über den preußischen König, wurde der Bischof von Speyer (damals zu Bayern gehörend), Johannes (von) Geissel, als Koadjutor nach Köln berufen mit dem Recht der automatischen Nachfolge bei Drostes Tod.

GEISSEL UND DAS NEUE KIRCHLICHE SELBSTBEWUSSTSEIN

Der realpolitisch-machtbewusste Geissel entstammte einer Winzerfamilie in der Pfalz. Er war theologisch sehr eng am Papsttum ausgerichtet, zugleich aber loyal zum König. Er erwartete besonders strenge Kirchendisziplin. 1845 wurde er Erzbischof und 1850 – als erster Kölner Oberhirte überhaupt – vom Papst zum Kardinal erhoben.

Dem Staat gegenüber trat Geissel souverän auf und vertrat die kirchlichen Interessen sehr erfolgreich. Erster Höhepunkt seiner Amtszeit und äußeres Symbol der Verständigung zwischen Kirche und Staat war das Kölner Domfest 1842; es war »rheinisch-preußisch, deutsch, monarchisch, bürgerlich, volkstümlich« (T. Nipperdey).

Im epochalen Wandel von 1847/48 erkannte der grundkonservative Geissel, trotz aller Bedenken gegenüber den seit 1845, auch im Klerus, keimenden demokratischen Bestrebungen (und trotz Sorge um die hierarchischen Binnenstrukturen der Kirche), schneller als andere Bischöfe den Nutzen der Laien als Interessenvertreter. Er sah den Wert der neuen Verfassungsgarantien: Freiheit für alle würde für die Kirche mehr zuverlässigere Rechte und Frei-

Erzbischof Johannes Kardinal von Geissel *(Gemälde von Friedrich Baudri 1851). Rechts:* **Grundsteinlegungsfeier zum Weiterbau des Domes am 4.9.1842**

heiten bedeuten als jedes noch so gnädige monarchische Wohlwollen. Er rief den Klerus nun zur Mitwirkung *als Bürger und Priester* auf, ordnete (im April 1848) einen Wahlhirtenbrief an, ließ sich als Abgeordneter in die Nationalversammlung in Berlin (Mai bis Dezember 1848) wählen und ergriff deutschlandweit die Initiative. Im Oktober 1848 (in Würzburg) trat Geissel an die Spitze des deutschen Episkopats. Mit einer Denkschrift kirchenpolitischer Forderungen an alle deutschen Regierungen – das Konzept stammte im Wesentlichen von Geissel – »trat der gesamte Episkopat an die Spitze der bisher vom niederen Klerus und den Laien angeführten kirchlichen Freiheitsbewegung und verlieh ihr dadurch die notwendige Geschlossenheit und Autorität« (R. Lill).

Vollendung des Kölner Domes

Der Anstoß zur Vollendung des Domes kam nicht seitens der Kirche. In der Zeit, als es keinen Bischofssitz in Köln gab, entdeckten Kunstbegeisterte und Romantiker wie Schlegel, Görres und Boisserée die Faszination des gotischen Domes am Rhein, der seit Langem als Torso mit einem 56 Meter hohen Turmstumpf da stand. Man spürte seine nationale Symbolkraft, dachte weniger an die Bedeutung als Sakralbau. In Preußen war die staatliche Bauverwaltung für den Kirchenbau zuständig. So planten evangelische Experten (Dombaumeister Zwirner, Star-Architekt Schinkel) mit Boisserée und dem Thronfolger Friedrich Wilhelm IV., seit 1840 König, den Weiterbau nach den alten Plänen. 1840 fiel die Entscheidung. Kölner Bürger und rheinische Adelige initiierten einen Verein zur Finanzierung, den der König genehmigte. Der Zentral-Dombau-Verein (seit 1842, mit Erzbischof Geissel als Ehrenvorsitzendem) erreichte bald 10.000 Mitglieder und 130 Zweigvereine nicht nur in Deutschland. Das Domkapitel wurde nicht als »Hausherr« der Kathedrale betrachtet und weder näher über den Bau informiert noch (bis 1905) an Entscheidungen beteiligt. Dank der Beilegung des akuten Konflikts zwischen Staat und Kirche

Das Innere des Domes *beim Domfest 1848*
(Ausschnitt aus einem Gedenkblatt von Peter Herwegen)

Blick von Südosten *auf den Dom, 1853*
(Foto von J. F. Michiels)

konnte 1842 der neue Erzbischof-Koadjutor Geissel das kirchenpolitische Vakuum geschickt füllen und mit dem König den Grundstein legen, auch als Zeichen der Gemeinsamkeit in christlich-nationalem Geist. Der Bau des Domes, der Bischofskirche, war also im 19. Jahrhundert primär ein staatliches und ein bürgerliches Projekt, kein kirchliches. 1848 konnte die 600-Jahrfeier der Grundsteinlegung mit dem König gefeiert und durch den Erzbischof das Dominnere eingeweiht werden. Der Wiener Nuntius und acht weitere Bischöfe kamen. Doch der König demonstrierte dem Erzbischof, dass er selbst der Bauherr war (1856: *ein Werk meiner Gnade*). 1880 konnte Kaiser Wilhelm I. in Abwesenheit des für abgesetzt erklärten Erz-bischofs die Vollendung des nun chauvinistisch anmutenden Prestigeobjekts feiern. Der Dom wurde zum zeit-losen Wahrzeichen für Köln und das Rheinland. Bald gewann er als Bau auch an Identifikationsgehalt für die Kölner Kirche, den geistlichen Nutzer des Gotteshauses. Ein grandioser Höhepunkt war das (nun kirchliche) Domfest 1948. Heute sind (als Dombaukommission) Domkapitel, Erzbischof und Land NRW gemeinsam Entscheidungsträger. Der überkonfessionelle Zentral-Dombau-Verein (14.000 Mitglieder) leistet den größten Anteil an der Finanzierung der permanent nötigen Arbeiten an der Kathedrale.

König und Erzbischof *(rechts) beim Fest zur Vollendung der südlichen Querhausfassade des Domes, 1855 (1. Entwurf für ein Fresko von Edward von Steinle)*

Der Einsatz für die Freiheit der Kirche einte im Rheinland seit 1837 die politisch denkenden Katholiken unterschiedlicher Prägung. Von den Seelsorgern wurden sie mobilisiert und errangen 1848 große Wahlerfolge für das Parlament. Die preußischen Verfassungen 1848/50 garantierten kirchliche Unabhängigkeit und erlaubten nun sogar Vereinsgründungen. Als Generalversammlung der Katholischen Vereine fand 1848 in Mainz zum ersten Mal der Deutsche Katholikentag statt. Er wurde bald zum Forum eines politischen Katholizismus. 1858 fand er erstmals im Erzbistum in Köln statt.

Kirchliches Selbstbewusstsein und katholische Erneuerungsbewegung erfasste auch die Menschen auf dem Lande, wo man, verankert im Glauben und noch weitgehend unberührt von historischen Umbrüchen und »modernen« Themen, nach den althergebrachten kirchlichen, religiösen und moralischen Werten lebte. Die Kölner Diözesanleitung erlaubte 1837/42 wieder den Wallfahrtskult, und Erzbischof Geissel führte seit 1850 in den sogenannten Volksmissionen – unter anderem aufrüttelnde Predigten von Ordensgeistlichen, etwa Jesuiten, später auch Redemptoristen – unter dem Leitmotto *Rette Deine Seele!* neue Seelsorgeformen ein und förderte die Marienverehrung. Wallfahrten wurden nun mächtige Demonstrationen für den gemeinsamen Glauben. 1842 besuchten 200.000 Männer und Frauen den Marienwallfahrtsort

Wallfahrt zum Heiligen Rock, *1844 (Gemälde von G.A. Lasinsky. Der in Düsseldorf ausgebildete Maler konvertierte 1844 zum katholischen Glauben).*

Kevelaer (Bistum Münster); viele davon auch aus dem Erzbistum Köln. Zu der gesellschaftlich stark polarisierenden Heilig-Rock-Wallfahrt nach Trier kamen 1844 binnen sieben Wochen bis zu 700.000 Menschen.

In höheren gesellschaftlichen Kreisen zeigte in ganz Deutschland die »Romantik« Wirkung. Menschen, die in Distanz zur Kirche geraten waren, hatten vor allem im frühen 19. Jahrhundert neu zu einem lebendigen Glauben an Gott und seine Botschaft gefunden und traten der katholischen Kirche bei.

Aus dem Hl. Grab-Verein *entstand später der Deutsche Verein vom Hl. Lande mit Sitz in Köln, – hier ein Pilgerabzeichen, 1908*

VEREINE, ORDEN, INSTITUTE

Nach und nach wuchsen jetzt katholische Initiativen und Vereine. Vor 1848 waren es die religiösen Bruderschaften und lockere soziale Initiativen, dann Standesvereine (zum Beispiel für Handwerker, Arbeiter usw.) und Zweckvereine (zum Beispiel für Mission, gegen Alkoholmissbrauch usw.). Schon 1844/45 entstand in Bonn der Borromäusverein zur Förderung des katholischen Lebens durch Volksbildung. International ausgerichtet war der Verein vom Hl. Grabe (1855) mit Sitz in Köln. Soziales Neuland betraten die Gesellenvereine (erstmals 1846 in Elberfeld). Der Priester Adolph Kolping schuf gegen die zunehmende Verelendung und Verwahrlosung der Junghandwerker ein Netzwerk von Vereinen mit einem Zentralverband in Köln. Als er 1865 starb, gab es schon 418 Vereine mit 24.000 Mitgliedern (heute circa 250.000).

Eine religiöse Variante der katholischen Vereinigungen waren auch neue Ordensgemeinschaften, die bald in zahlreichen Lebensbereichen wirkten. Männerorden waren neben der Volksmission vor allem in der Seelsorge, in der äußeren Mission (der »Heiden«) und im Schuldienst wirksam. Bei den Frauenorden überwog neben dem Schuldienst der karitative Einsatz.

Adolph Kolping *(Gemälde)*

Frauenorden

Die ersten im Rheinland tätigen Frauenorden nach 1815 kamen von auswärts, etwa aus Frankreich. Aufgrund der verbrieften Freiheiten der preußischen Verfassung von 1848/50 konnten sich die Orden voll entfalten. Die Zahl der Schwestern wuchs. Wichtige Neugründungen im Erzbistum waren 1844/45 in Aachen (damals Erzbistum Köln) die von Fabrikantentöchtern (Clara Fey bzw. Franziska Schervier) angesichts des frühindustriellen sozialen Elends gegründeten »Schwestern vom Armen Kinde Jesus« und »Armen-Schwestern vom hl. Franziskus«. Man kümmerte sich um Kinder, Waisen, Prostituierte, Verurteilte. Erzbischof Geissel förderte die Ansiedlung von Orden. Der Staat verbot sie im Kulturkampf, sodass viele ins grenznahe Ausland zogen. Krankenpflegende Orden durften »bis auf Weiteres« bleiben. 1905 gab es im Erzbistum schon wieder fast 8.000 Schwestern aus circa 30 Gemeinschaften. Am personalstärksten waren die Schervier-Schwestern (offene Armenpflege,

Clara Fey *(1815–1894), Zeichnung von J.A.N. Settegast, 1852*

stationäre Krankenpflege, diverse Niederlassungen mit Zentrale in Aachen) und die Armen Dienstmägde Christi (stationäre Krankenpflege, Mädchenerziehung mit Zentrale in Dernbach). 1933 gab es im Erzbistum Köln circa 500 weibliche Ordensniederlassungen, darunter auch die Schulorden. Viele Familien hatten eine Nonne in der Verwandtschaft. In der Krankenpflege waren auch Brüderorden tätig (1933: 19 Niederlassungen).

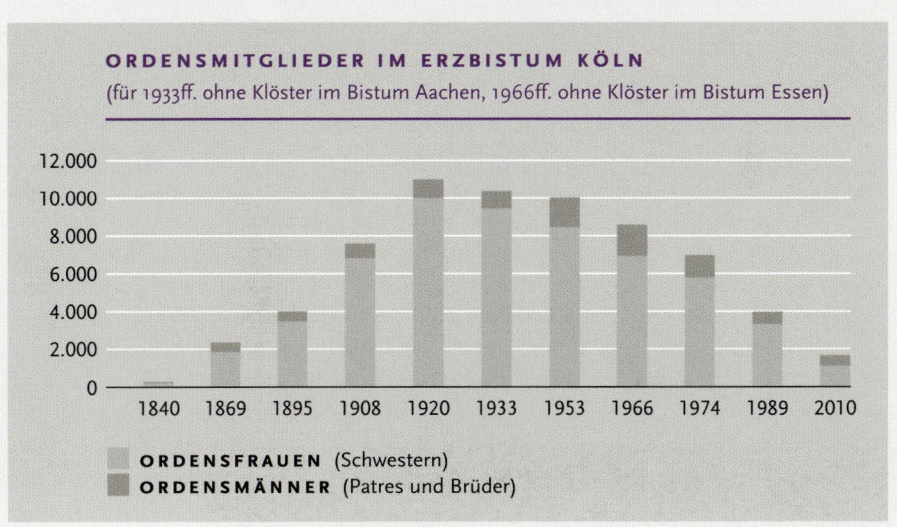

ORDENSMITGLIEDER IM ERZBISTUM KÖLN
(für 1933ff. ohne Klöster im Bistum Aachen, 1966ff. ohne Klöster im Bistum Essen)

■ **ORDENSFRAUEN** (Schwestern)
■ **ORDENSMÄNNER** (Patres und Brüder)

St. Johannes-Hospital, Bonn

Ansichtspostkarte um 1905

St. Johannes-Hospital in Bonn – Das erste katholische Krankenhaus

Wegen wachsender Probleme der (häuslichen) Versorgung von Alten, Kranken und Waisen rief die Bonner städtische Armenverwaltung 1842 die Bürgerschaft zu Spenden auf. Es entstand ein – der Bevölkerungssituation in Bonn entsprechend – mehrheitlich katholischer »Hospitalverein«. »Barmherzige Schwestern« sollten das Haus führen, denn dieser in Trier und Koblenz tätige französische Orden war damals nahezu die einzige für Krankenpflege qualifizierte Gemeinschaft. Die Schwestern gewährleisteten leiblich-medizinische und religiöse Betreuung im Angesicht von Krankheit und Sterben und sollten öffentliche »Vorbilder« werden. Angesichts des nun offenkundig entstehenden katholischen Instituts zogen sich die »Evangelischen« und die jüdische Gemeinde aus der Initiative zurück. Je erfolgreicher der Hospitalverein die katholische Bürgerschaft finanziell aktivierte, desto mehr geriet die städtische Armenverwaltung in die Defensive (1846/47). Der Verein strebte für die »Anstalt« sogar Korporationsrechte an. Stadt und liberale Bürger sahen das kritisch. Der Erzbischof legte den Grundstein, der Oberbürgermeister blieb fern. Die neue preußische Verfassung und die Nähe des Vereinsvorsitzenden zum König brachten den Durchbruch. 1849 erfolgte die Einweihung des ersten katholischen Krankenhauses im linksrheinischen Preußen (zwischen Kreuznach – bzw. Saarbrücken – und Emmerich). Den Namen erhielt es zu Ehren von Johannes (von) Geissel.

Das Innere der 1860/62 erbauten St. Marienkirche in Bad Godesberg *(Architekt Vincenz Statz), hier bei einer Erstkommunionfeier, um 1939*

Weil die staatliche Fürsorge angesichts der Massenarmut als wirkungslos emp-funden wurde, bildete sich ein professionelles kirchliches Sozial- und Gesundheitswe-sen. Ordensfrauen wirkten fast »full time« und unentgeltlich. Die ersten katholischen Krankenhäuser entstanden in Bonn (1849), (Aachen-) Burtscheid (1853), (Wuppertal-) Elberfeld (1856), Köln (1855, 1864) und Düsseldorf (1870). Orden wirkten auch für nichtkirchliche Träger, so die Cellitinnen seit 1838 im städtischen Kölner Bürgerhospital.

Nach und nach entstand fortan das sogenannte katholische Milieu, bestehend aus Katholiken – Klerus, Ordensleute, Laien –, die in ihrem Alltag über alle sozialen Unterschiede hinweg von gemeinsamen Werthaltungen ein Leben lang (von der Wiege bis zur Bahre) getragen wurden.

Geissels Nachfolger, Paulus Melchers, kam aus einer Münsteraner Kaufmanns-familie und war unter anderem Bischof von Osnabrück. Er stand in besonderer Nähe zum Papst und hatte einen starken Sensus für die Seelsorge. Doch überlagerten bald nach seinem Amtsantritt 1866 andere Ereignisse die pastoralen Erfordernisse, zum Beispiel in Sachen der wachsenden industriellen Ballungsräume.

DAS ERZBISTUM IM KAISERREICH — ZWISCHEN KULTURKAMPF UND DEM ENDE DER MONARCHIE

1870/71–1918

Detail aus einem Fenster im Kölner Dom, 1871–1876: **Pius IX. mit der Bulle zur Einberufung des Konzils**

PÄPSTLICHER PRIMAT — PREUSSISCHER KULTURKAMPF

1864 hatte Papst Pius IX., letzter Herrscher des weltlichen Kirchenstaates, eine Liste mit 80 »Zeitirrtümern« (»Syllabus«) veröffentlicht und verschanzte so die Kirche in einer Art »Wagenburg«, um sie vor den geistigen Veränderungen von Liberalismus (vor allem in der Politik) und Moderne (zum Beispiel in den Wissenschaften) abzuschotten.

Eine ausdrückliche Definierung des Primates und der Unfehlbarkeit des Papstes in Form eines Dogmas 1870 hielten Melchers und die Mehrheit der deutschen Bischöfe aus rein kirchenpolitischen Gründen nicht für sinnvoll. Auf dem Ersten Vatikanischen Konzil reiste Melchers, ringend zwischen persönlicher Standhaftigkeit in der Sache und Loyalität zum Papst, – wie über 50 andere Bischöfe – am Vorabend der Entscheidung aus Rom ab und erklärte schriftlich, *nicht zustimmen zu können*, aber sich der Entscheidung ohne Vorbehalt zu unterwerfen. In der Verantwortung seines Amtes verkündigte er als einer der ersten Bischöfe die Konzilsentscheidung, brachte als Vorsitzender der Fuldaer Bischofskonferenz viele noch zögernde Bischöfe auf eine gemeinsame Linie und versuchte, einer Unruhe unter den Gläubigen entgegenzuwirken.

Aus Widerständen gegen die Definierung der alleinigen Autorität des Papstes entstand bald nach dem Konzil die »Altkatholische Kirche«. Nur wenige Gläubige des

Prozession am Kölner Dom zum Jubiläum: 50 Jahre Dogma von der Unbefleckten Empfängnis Mariens, 1904

Kulturkampf

Mit staatlichen Mitteln versuchten die Liberalen das Rad der Geschichte auf die Zeit vor dem »Kölner Ereignis« zurückzudrehen. Am heftigsten in Deutschland war Preußen vom Kulturkampf betroffen. Den Nationalstaaten war die Kirche wegen des päpstlichen Primat-Anspruchs und der übernationalen Identität doppelt suspekt. Der Wahlerfolg der katholischen Zentrumspartei (fast 20 Prozent) in den ersten Reichstagswahlen weckte zusätzlich Ängste vor »ultramontanem« Machtzuwachs.

Der preußische Ministerpräsident und Reichskanzler Bismarck wollte durch Gesetze seit 1871 den öffentlichen Einfluss der amtlichen Kirche (Bischöfe, Klerus, Orden) rigide beschränken und so die liberalen Abgeordneten für seine Politik ködern. Es kam unter anderem zum Verbot geistlichen Religionsunterrichts an öffentlichen Schulen und zur Aufhebung aller Ordensniederlassungen außer den krankenpflegenden. Am tiefsten beschnitten die »Maigesetze« (1873/75) die Freiheit der Kirche (unter anderem Unterwerfung der bischöflichen Personalentscheidungen und Disziplinargewalt unter staatliche Aufsicht). Die Bischöfe verweigerten daher die Befolgung der Kirchenkampfgesetze. Das war offener Gesetzesbruch.

Erzbistums – nebst Priestern, vor allem Theologieprofessoren aus Bonn – schlossen sich ihr an. Bonn wurde ihr Zentrum im Rheinland. Erster Bischof für Deutschland wurde 1873 der Kölner Diözesanpriester Joseph Hubert Reinkens.

Fast alle Gläubigen – Hierarchie, Klerus und Kirchenvolk – fühlten sich als Leidtragende des Kulturkampfes und rückten enger aneinander. Melchers stand als Vorsitzender der preußischen Bischöfe im Fokus. Für die Boykottierung der Kulturkampf-Gesetze wurde er mit hohen Geldstrafen belegt. Als er nicht zahlte, wurde sein Vermögen bis hin zum Mobiliar gepfändet. Dann wurde Melchers im März 1874 verhaftet und für nicht beglichene Strafgelder mehr als sechs Monate lang im Kölner Gefängnis »Klingelpütz« inhaftiert. Als dann aberma-

Erzbischof Paulus Melchers *(oben)*
Vorladung des Erzbischofs ans Zuchtpolizeigericht Köln für den 17.3.1874

Vorladung an's Zuchtpolizeigericht.

Heute den *zweiten März* achtzehnhundert *einen* und siebenzig.
Auf Anstehen und in Gemäßheit Befehls des Königl. Ober = Prokurators des Landgerichts zu Köln, habe ich unterzeichneter
beim gedachten Königl. Landgerichte ange=

138

Verhaftung des Erzbischofs *Melchers, 31.3.1874*

lige Verhaftung drohte, floh er 1875 über die Grenze nach Maastricht. Melchers wurde
steckbrieflich gesucht und im Juni 1876 in Berlin für abgesetzt erklärt. In Köln ruhte
die Bistumsverwaltung. Der langjährige Weihbischof Baudri (1849–1889) versuchte
eine Art Notverwaltung. Priesterseminar und Generalvikariat waren geschlossen, die
Akten des letzteren zum Schutz eingemauert. Die Priesterzahl sank und erreichte erst
1900 wieder den Stand von 1872.

Die Kirche insgesamt leistete sozusagen passiven Widerstand. Melchers hielt
aus dem bescheidenen Exil unter einem Decknamen (Ludolph) Postkontakt und versuchte, weiter die Seelsorge zu leiten und kirchenpolitisch tätig zu sein.

Letztlich wurde der Konflikt immer bedrückender. 1.800 katholische Geistliche
in Preußen und mehrere Bischöfe wurden inhaftiert, viele Pfarreien wurden vakant,
die Seelsorge litt. Mehr und mehr Pfarreien konnten nicht mehr besetzt werden. Im
Erzbistum Köln gab es 1881 in einem Viertel der Pfarreien keinen Pfarrer, in einigen
gar keinen Seelsorger mehr. Den verbliebenen Pfarrern war das Gehalt gesperrt; ihre
Gemeinden spendeten. Laien verwalteten in den neu gebildeten Kirchenvorständen
das Kirchenvermögen, jedoch nicht, wie der Staat hoffte, gegen die Kirche. Vom 1874
staatlich eingeräumten Recht, dass die Gemeinden ihre Pfarrer selber wählen durften,
wurde nirgends Gebrauch gemacht. Man blieb seinem »Pastor« und der Kirche treu.

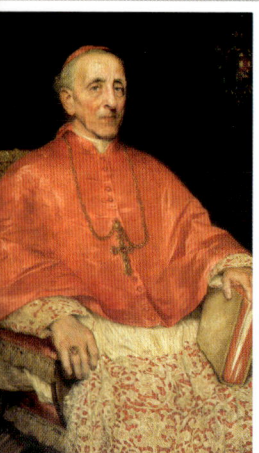

Die Erzbischöfe *Krementz, Simar, Fischer und von Hartmann (v.l.n.r.)*

ABSCHLUSS DES KULTURKAMPFES —
DIE BISCHÖFE UNTER DER MONARCHIE

Die Reichsregierung erkannte die Perspektivlosigkeit des Kampfes. Bismarck ließ vom Kampf ab, weil er das Zentrum politisch gegen die SPD brauchte. Unter dem neuen Papst Leo XIII. (seit 1878) wurde verhandelt. Über Melchers hinweg kam es zur Wiederannäherung zwischen Preußen und dem Vatikan, der Melchers 1885 dem Frieden zuliebe »opfern« musste und als Kurienkardinal nach Rom holte, wo er 1895 starb. 1886/87 ergingen Friedensgesetze. Fast alle Orden wurden wieder zugelassen, bis auf die vielfältig angefeindeten Jesuiten, die erst 1917 wieder in Deutschland zugelassen wurden.

1885 wurde der aus Koblenz stammende Metzgerssohn Philippus Krementz – vorher Bischof von Ermland/Ostpreußen – Erzbischof von Köln. Wenig später endete der Kulturkampf in Preußen. Krementz – auch Vorsitzender der Fuldaer Bischofskonferenz – war vom karitativen Katholizismus geprägt, aber gegenüber neuen katholischen Massenorganisationen abwartend.

Erzbischof Hubert Theophil Simar, der erste Oberhirte seit 1821, der aus dem Erzbistum Köln stammte (aus Eupen), war vorher Bischof von Paderborn. Er starb schon 1902 an einer Lungenentzündung.

»Kardinal, bleib bei deinem Rosenkranz!« – *antikirchliche Agitation, 1914, gegen Kardinal Kopp (Breslau) und besonders jene Bischöfe, die – anders als der Kölner Erzbischof – eine rein katholische Arbeiterbewegung wollten*

Erzbischof Antonius Fischer aus Jülich, bisher Kölner Weihbischof, war beim Amtsantritt 1903 bestens im Bilde über die Situation in den Gemeinden und im rheinischen (Vereins-) Katholizismus. Er stellte sich daher – gegen konservative Kräfte im Vatikan und im deutschen Episkopat, besonders der Vorsitzende Kopp – eindeutig auf die Seite der konfessionsübergreifenden christlichen Gewerkschaften, die im Zuge der Entstehung eines neuen Standes, des Industriearbeiters, gegründet worden waren. In anderen Fragen, wie der Theologenausbildung und der kirchlichen Kunst, war er ängstlich beharrend.

Kardinal von Hartmann *mit Soldaten beim Besuch an der Westfront in Trosly-Loire (Picardie), 1916*

Der letzte Erzbischof unter der Monarchie, Felix von Hartmann – vorher Bischof von Münster –, war sehr staatsergeben und äußerst konservativ. Er respektierte dennoch die sozialpolitischen rheinischen Verhältnisse, das heißt die christlichen Gewerkschaften. Der Zentrumspartei stand er aber ebenso distanziert gegenüber wie der jungen sozialreformerischen Massenorganisation, dem »Volksverein«. Eine Abschaffung des längst unzeitgemäßen Dreiklassenwahlrechts lehnte er strikt ab. 1914 trat er an die Spitze des preußischen Episkopates. Im Ersten Weltkrieg, von dessen Rechtmäßigkeit hinsichtlich der deutschen Kriegsführung er wie alle deutschen Bischöfe überzeugt war, zeigte er sich in mancher Hinsicht politisch überfordert. Seine extrem kaisertreue Haltung, die ihm 1916 einen Sitz im Preußischen Herrenhaus einbrachte, überdauerte die Monarchie.

KATHOLIZISMUS IN DER MONARCHIE

Das Erzbistum Köln war mit 2,5 Millionen (1901) bzw. 3,3 Millionen Katholiken (1918) das größte Bistum im Deutschen Reich. Die rheinischen Katholiken litten unter dem angeblichen Makel der »Reichsfeindlichkeit« und wuchsen nur langsam in das deutsche Kaiserreich hinein. Umso stärker rückte man katholischerseits zusammen. »Die lebensbestimmende Kirchennähe überdeckte krasse Unterschiede in den gesellschaftlichen Positionen, den politischen Anschauungen und wirtschaftlichen Interessen« (W. Janssen). Die katholische Presse war wichtig. In der eng mit den Bischöfen zu-

Festhalle und feierliche Festfahrt anlässlich des **Deutschen Katholikentags 1900** *in Bonn*

sammenarbeitenden katholischen Zentrumspartei hatte die Kirche eine starke politische Interessenvertretung; im Rheinland wählten 1874 mehr als 85 Prozent Zentrum, 1890 waren es 81 Prozent.

Verbandskatholizismus und politischer Katholizismus waren ausgedehnter und stärker geworden. Das Erzbistum Köln war das Zentrum des im Episkopat oft ungeliebten Verbandskatholizismus. Führend wurde der sozialreformerische »Volksverein für das katholische Deutschland« (1890, Sitz in Mönchengladbach); 1901 besaß er 185.000 Mitglieder, 1914 bereits 805.000, viele davon im Westen des Reiches. Die katholischen Arbeitervereine und christlichen Gewerkschaften – gemeinsam getragen von jungen Geistlichen und Laien, nicht zuletzt zur Abwehr der »sozialistischen Irrtümer« – erreichten Menschen auch außerhalb der Welt der Pfarreien.

Die Kraft katholischen Lebens im Rheinland zeigte sich auch am Beispiel der von den Laien getragenen Deutschen Katholikentage. Nach dem Kulturkampf fanden

Titelblatt der Zeitschrift des Volksvereins für das katholische Deutschland (seit 1908 in dieser Gestaltung)

bis 1914 von 35 Veranstaltungen zehn im Erzbistum Köln statt. Der »Arbeiterfestzug« auf dem Düsseldorfer Katholikentag 1908, eine so noch nie dagewesene Massenveranstaltung mit über 70.000 Teilnehmern im Beisein von Erzbischof Fischer, bestand aus 744 Arbeiter- und Gesellenvereinen.

Als Beispiele unter vielen seien das soziale Engagement des Diözesanpriesters Carl Sonnenschein (1876–1929) aus Düsseldorf und unter den wichtigen Vereinsgründungen der Zeit mit Sitz im Erzbistum der 1903 gegründete Katholische Frauenbund erwähnt.

Fahne des 1918 gegründeten
Frauen- und Müttervereins *der Pfarrei*
(Brühl-) Badorf

Progressive gesellschaftlich ausgerichtete Aktivitäten vieler Vereine und Verbände riefen im deutschen Episkopat und in Rom Kritik und Forderungen nach stärkerer amtlicher Kontrolle zur Verhinderung weltlich-säkularer Tendenzen hervor. Realpolitisch nötige Kompromisse mit Protestanten wurden beargwöhnt. Verschärft wurde das innere Klima, weil der Vatikan überall Gefahren des »Modernismus« witterte und ein Klima des Misstrauens schürte; umso bemerkenswerter war, dass Erzbischof Fischer dennoch klar zur katholisch-sozialen Bewegung hielt.

Der anfangs vom deutschen Volk vielfach mit nationaler Begeisterung erwartete, im Sommer 1914 ausgebrochene Krieg, der bald zum Weltkrieg wurde und ungeahntes Grauen auf den Schlachtfeldern brachte, führte rasch zu Ernüchterung und Not auch in der Heimat. Jetzt standen Seelsorge und kirchliche Caritas, etwa für Frontsoldaten, Verwundete, Kriegswaisen oder unterernährte Kinder, vor neuen schwierigen Aufgaben.

LEBENSWELT IM WANDEL

Subtile Einflüsse auf die Gläubigen kamen nicht nur von kirchenfeindlichen Tendenzen des Liberalismus, welche die Kirche und ihre Lehre, teils zu Recht, teils zu Unrecht, als nicht mehr zeitgemäß anprangerten. Hinzu kam der tiefe Eindruck rapider Wandlungen der Lebensumwelt durch Fortschritt und Technik (Medizin, Maschinen, Eisenbahn, Elektrizität). Die Industrialisierung boomte seit den 1870er-Jahren. Massenhaft strömten Menschen beider Konfessionen vom Land in die neuen Zentren an Rhein und Ruhr. Rasant wuchsen dort die Städte. Zuwachsraten von 30 bis 50 Prozent in nur zwei Jahrzehnten – so von 1890 bis 1910 – waren die Regel. In Köln stieg die Bevölkerungszahl in der Zeit um über 80 Prozent; die von Düsseldorf und Bonn verdoppelte sich, und in den neuen Industriestädten Oberhausen, Essen und Mülheim an der Ruhr lebten nach 20 Jahren drei- bzw. gar viermal so viele Menschen. Ehemals ländliche Räume wurden verstädtert, sodass die Sozialstruktur sich dort grundlegend veränderte.

Lange ungelöst war das Problem der tiefen Verarmung und Proletarisierung der Arbeitskräfte. Auf dem Lande verlief der Wandel langsamer. Aber der Anteil der Landwirtschaft an der Gesamtgesellschaft ging stetig zurück.

SOZIALE DIENSTE: ORDEN UND CARITATIVE VEREINIGUNGEN

Die expandierenden Orden und lokale wie diözesane Caritaskreise wirkten zum Beispiel auf den Gebieten Männerfürsorge, Mädchenschutz, Trinkerfürsorge, Krankenversorgung, Hausarmen- und Familienpflege, Kinderbewahrung, Arbeits- und Obdachlosenhilfe, sogenannte Abnormenfürsorge. Wichtig war die Sorge um alleinstehende Frauen in der Großstadt: Das Arbeiterinnenheim in (Köln-) Ehrenfeld zum

Beispiel gab Dienst- und Fabrikmädchen Ausbildung (Maschinen-Nähen, Bügeln) und Schutz und animierte sie zum Geldsparen. Die Bahnhofsmission half akut und vermittelte zuverlässige Unterkünfte.

Der 1897 in Köln gegründete Deutsche Caritasverband (DCV) mit seiner Zentrale in Freiburg erlangte erst 1916 die Anerkennung der Bischöfe. Trotzdem entstanden in Düsseldorf (1905) und Düren (1911) Ortsverbände. Daneben entstand 1904 in Köln unter Leitung des Weihbischofs der

Flugblatt aus Düsseldorf, *um 1910*

»Diözesan-Ausschuß« für die Caritasarbeit; 1916 wurde zwecks Koordinierung unter erzbischöflicher Leitung der Diözesancaritasverband gegründet.

EXPANDIERENDE SEELSORGE

Eine Blüte kirchlichen Lebens nach dem Kulturkampf zeigen die zunehmenden Berufungen zum Priesteramt. Im Bonn musste nach dem Collegium Albertinum (1892) schon 1903 ein zweites Haus für die Theologiestudenten gebaut werden. Doch hielt die Zunahme der Priester nicht mit dem raschen Bevölkerungswachstum Schritt. Die Größe der Pfarreien

Collegium Albertinum *in Bonn, um 1900*

war extrem unterschiedlich. Nur vor dem Hintergrund des im Vergleich zu heute weitaus häufigeren Gottesdienstbesuchs und Empfangs der Sakramente lässt sich ermessen, was es heißt, wenn die Pfarrei St. Joseph in Köln-Ehrenfeld binnen Kurzem von

....

Pfarrkirche St. Rochus in Düsseldorf,
1894/97 erbaut (Architekt Josef Kleesattel)

18.000 (1892) auf 35.000 Gläubige (1908) anwuchs. Dem Pfarrer und seinen zunächst drei, dann fünf Kaplänen wurde Erhebliches abverlangt. Durch die geringe Finanzbasis der Bistumsleitung war eine vorausschauende zentrale Planung sehr erschwert. Die Zahl der Katholiken hatte sich von 1872 bis 1911 mehr als verdoppelt, dies jedoch lokal sehr unterschiedlich. Das jahrhundertealte Netz von Pfarreien war in den expandierenden städtischen Räumen nicht mehr tragfähig. Erst die Normalisierung der Beziehung zwischen Kirche und Staat ermöglichte durch staatliche Gesetze gezielte Verbesserungen der örtlich sehr unterschiedlichen pfarrlichen Finanzlage, etwa durch Hilfsfonds für Neugründungen auch ärmerer Pfarreien, staatliche Zuschüsse zur Pfarrerbesoldung sowie erleichterte Kirchensteuererhebung in den Städten. Es kam zu einer Welle von Rektorats- bzw. Pfarrneugründungen. Von 882 Pfarreien (1901) stieg die Zahl der Seelsorgebezirke im Erzbistum auf fast 1.000 Pfarreien (1919).

Pfarrprozession *in der Kölner Innenstadt, 1904*

DAS ERZBISTUM IN DER WEIMARER REPUBLIK
1919–1933

VERÄNDERTE POLITISCH-GESELLSCHAFTLICHE LAGE

An das Ende des Kaiserreichs und die Ausrufung der neuen Republik 1918 mussten sich auch die Katholiken zunächst gewöhnen. Umso beachtlicher, dass auch Kölner Katholiken – Laien und Geistliche – bei der Ausarbeitung der freiheitlichen Weimarer Verfassung und in der Politik der Weimarer Zeit konstruktiv und erfolgreich mitwirkten. Der lange beim »Volksverein« tätige Kölner Priester Heinrich Brauns wurde 1920 sogar Reichsarbeitsminister und behielt dieses Amt in 14 Kabinetten bis 1928. Vor allem auf der kommunalen Ebene engagierte sich der Klerus wie nie zuvor in Deutschland.

Domkapitel

Das Domkapitel ist das älteste der Bistums-Gremien, zuständig für Gottesdienst, Erhalt und Vermögen der Kathedralkirche. 1825 wurde es wiedererrichtet. Zum Ausgleich für die Säkularisation besoldet der Staat die Domherren. Die zwölf in Köln ansässigen Mitglieder des Kapitels – darunter der Dompropst als Leiter, ferner die Weihbischöfe – unterstützen den Erzbischof, vor allem in der Bistumsverwaltung. Das vornehmste Recht des Kölner Kapitels ist die Wahl des Erzbischofs, ein Privileg, das weltweit sehr selten ist. Preußen war die enge Kontrolle über die Auswahl der Bischofskandidaten sehr wichtig. Daher war in Köln aus Rücksicht auf den Staat, aber auch wegen Uneinigkeit im Kapitel, vor 1900 faktisch keine freie Wahl möglich. Mit dem Konkordat von 1929 wurde das Prozedere der Bischofwahlen zum innerkirchlichen Akt zwischen dem Vatikan und dem Kapitel. Doch kann bis heute der Staat (das Land) nach der Wahl Bedenken allgemein politischer Art gegen den Gewählten geltend machen. Geschieht das nicht, dann kann der Papst einen (Erz-) Bischof ernennen. – Der Vatikan darf ausnahmsweise zu Lebzeiten des Amtsinhabers (ohne vorherige Kapitelswahl) einen Koadjutor ernennen, der das Bistum faktisch leitet und beim Amtsende des Bischofs automatisch Nachfolger wird.

»Christus des 20. Jahrhunderts«
bzw. »Heiland in der Großstadt« – Umstrittenes, im Krieg zerstörtes Fresko-
gemälde von Peter Hecker in der Pfarrkirche St. Mechtern in Köln, 1925.
Es zeigt Gott mit den ihm nahen, ihn suchenden und ihm fernen Menschen,
letztere in der Welt der Äußerlichkeiten, der Lüge und Illusion.

SIE
SEHEN
JHN
UND
GEHN
VORÜBER

AUSTERN.ST

ERSCHIENEN IST DIE GÜTE UND MENSCHENFREUNDLICHKEIT GOTTES UNSERES HEILANDES

Die Zäsur von 1918 machte politische Neuregelungen zwischen Kirche und Staat erforderlich. Nach schwierigen Verhandlungen kam 1929 ein Konkordat zwischen dem Heiligen Stuhl und dem Land Preußen zustande. Es sicherte unter anderem das Bischofswahlrecht der Domkapitel.

Im neuen Klima des liberalen und demokratischen Verfassungsstaats hatte es die Kirche schwerer, prägend zu wirken, denn die Gesellschaft wurde heterogener. Andere Konzepte waren gefragt. Neue Medien, wie der Film und das Radio (mit einem kirchlichen Rundfunkbeauftragten beim NWDR), wurden wichtig. Auch die Bischöfe wurden nun als Persönlichkeiten von den Gläubigen immer direkter wahrgenommen. In der Wirtschafts- und Ernährungskrise der frühen 1920er-Jahre initiierte der Erzbischof soziale und sozial-politische Hilfs-Aktivitäten, etwa durch Aufrufe für die rheinische Bevölkerung oder an die deutschen Auswanderer in Lateinamerika.

Karl Joseph Kardinal Schulte (1920–1941)

1871 im Sauerland geboren, kannte er das Erzbistum Köln als Gymnasiast in Essen und als Theologiestudent in Bonn. Er ging nach Paderborn und wurde dort 1909 mit nur 38 Jahren Bischof. Politisch war er im Episkopat vor 1918 eher fortschrittlich eingestellt und gründete eine Hilfsstelle auch für Kriegsopfer gegnerischer Nationen. 1920 wählte das Kölner Kapitel Schulte zum Erzbischof von Köln; auch der Staat und Rom schätzten den Kandidaten. 1921 wurde er Kardinal. Bald war Schulte einer der Wortführer im preußischen Episkopat, wurde aber überdiözesan keine ausgeprägte Führungspersönlichkeit. Schulte war national- und standesbewusst, in politischen Fragen verhielt er sich zurückhaltend und sehr obrigkeitstreu.

Dem Westfalen blieb die rheinische Mentalität fremd. Besonders für den Karneval brachte er keinerlei Verständnis auf. 1927 traf ihn eine schwere Herzerkrankung; man rechnete mit seinem Rücktritt. Danach mied er öffentliche Auftritte vor größeren Menschenmengen. Schulte starb an akutem Herzversagen nach schweren Fliegerangriffen auf Köln am 10. März 1941.

Kardinal **Schulte** *mit Reichspräsident von* **Hindenburg** *(Mitte) und OB* **Adenauer** *(rechts) bei der Feier anlässlich des Abzugs der Besatzungstruppen, 1926*

ORGANISATORISCHE NEUERUNGEN

Mit dem Amtsantritt Schultes erfasste eine Welle von Reformen das Erzbistum. 1922 kam es – erstmals nach mehr als 250 Jahren – zu einer Diözesansynode des Seelsorgeklerus. Die 700.000 Einwohner zählende Stadt Köln bekam 1923 mit dem Stadtde-

Neubau des Priesterseminars *1926/29, Bensberg (von Architekt Bernhard Rotterdam)*

kanat endlich eine kirchliche Organisation oberhalb der Pfarreienebene. Das war wegen der immer komplexeren kirchlichen Aufgaben dringend nötig. Das »Modell Köln« machte Schule (1925 Düsseldorf und Essen, 1930 Wuppertal). Das am lauten Kölner Hauptbahnhof gelegene Priesterseminar zog 1929 aufs Land.

Die Diözesancaritas-Arbeit wurde professionalisiert. In Köln-Hohenlind errichtete der Deutsche Caritasverband (1932) ein hochmodernes Caritas-Institut mit Lehrkrankenhaus.

Das zunehmend bevölkerungsreichere Erzbistum war nur noch schwer zu leiten. Köln trat daher – allerdings schon länger geplant – 1930 mit der Errichtung des neuen Bistums Aachen den gesamten westlichen Bistumsteil mit etwa einem Drittel seiner Gläubigen und fast die Hälfte seiner Priester ab. Zuvor hatte man 1920 in Folge der Kriegsniederlage Eupen-Malmedy an die Kirche in Belgien abgeben müssen.

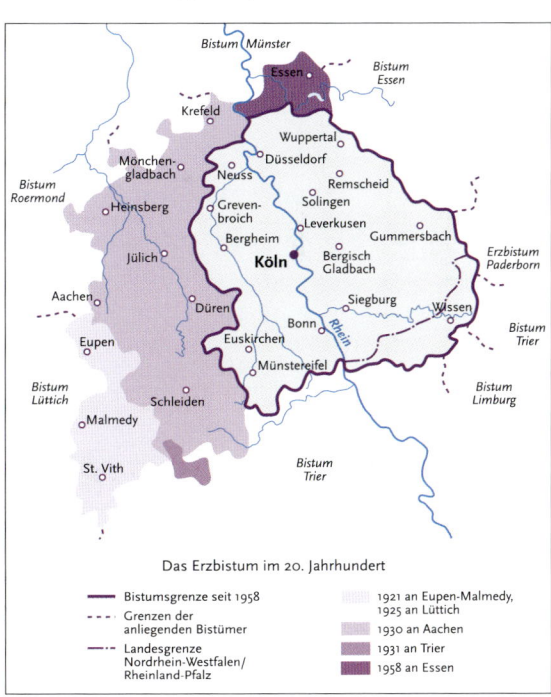

Das Erzbistum im 20. Jahrhundert

Bistumsgrenze seit 1958	1921 an Eupen-Malmedy, 1925 an Lüttich
Grenzen der anliegenden Bistümer	1930 an Aachen
Landesgrenze Nordrhein-Westfalen/ Rheinland-Pfalz	1931 an Trier
	1958 an Essen

Neuaufbruch im Kirchenbau

Die kirchliche Kunst stand bis 1914/18 noch ganz im Zeichen des Historismus. Vor allem in den rasch wach-senden Zuzugsgebieten der Großstädte entstanden bedeutende neugotische und neuromanische Kirchen, zum Beispiel St. Elisabeth in Bonn (1906/09), St. Paul in der Kölner Neustadt (1905/08), St. Adolf in Düssel-dorf-Pempelfort (1903/13), St. Elisabeth in Düsseldorf (1910) und St. Michael in Köln (1902/06).

Um 1900 begann man den Rahmen der doktrinären Neugotik aufzubrechen, indem man mit den Stilelemen-ten freier umging und neue Vorbilder suchte. Mit Jugendstilelementen experimentierte man bei einem Kir-chenbau in Essen-Stoppenberg (1906/07). Moderne Fensterentwürfe von Jan Thorn-Prikker für die Dreikönigenkirche in Neuss (1912) führten zum Eklat und konnten erst 1919 eingesetzt werden. Noch ver-suchte Erzbischof Fischer 1912, solche Tendenzen per Erlass einzudämmen. Die Entwicklung war nach dem Kulturumbruch mit dem Ende der Monarchie in der Kirche allerdings nicht aufzuhalten. Die Diözesansynode 1922 setzte der Freiheit des Künstlers grundsätzlich keine Schranken. Hauptvoraussetzungen für den Weg in die Moderne bildeten die neuen technischen Möglichkeiten durch Stahl und Beton. Die bislang verpönten Materialien erlaubten große stützenlose Kirchen mit freiem Blick zum Altar. Inspiriert wurden die Künstler vielfach theologisch durch die »Liturgische Bewegung«. Die Betonung der wichtigen Rolle der Gemeinde beim Gottesdienst und die Besinnung auf das Wesentliche in der Beziehung zu Gott motivierte die Abkehr von überladenen Kirchenausstattungen hin zu nüchternen Formen.

Das Erzbistum Köln bildete einen Schwerpunkt dieser Entwicklung in Deutschland. Bedeutend sind die frühen Kirchen von Dominikus Böhm in Frielingsdorf (1927), Leverkusen-Küppersteg (1928) und Köln-Riehl (St. Engelbert, 1930/32), der »kompromisslos« asketisch anmutende Kirchenbau St. Fronleichnam in Aachen des mit Guardini befreundeten Rudolf Schwarz (1929/30) oder St. Petrus Canisius in Köln-Buchforst von Wilhelm Riphahn (1930/31). Diese Sakralräume sind von einem völlig neuen Raumgefühl geprägt, an das sich mancher Gläubige gewöhnen musste.

Auch Glasmalerei, Mosaik und Wandmalerei, Goldschmiede- und Paramentenkunst wurden vom Neuauf-bruch erfasst. Impulse gaben die 1924 gegründeten Kölner »Werkschulen«, die Düsseldorfer Akademie und das von Fritz Witte initiierte (städtische) Institut für religiöse Kunst in Köln.

Pfarrkirche St. Dreikönigen, *Köln-Bickendorf, 1928/29 erbaut (Architekt Hanns Peter Fischer) (links) –* **Pfarrkirche St. Engel-bert,** *Köln-Riehl, 1930/32 erbaut (Architekt Dominikus Böhm) (Mitte) –* **Pfarrkirche Christus König** *in Leverkusen-Küppersteg, 1928 erbaut (Architekt Dominikus Böhm).*

Mädchen am Missionskreuz *in Morenhoven (bei Rheinbach), frühe 1930er Jahre*

NEUAUFBRUCH – IMPULSE UND HERAUSFORDERUNGEN
IN DER SEELSORGE

Die innere Entwicklung des Erzbistums wurde von einem aufbrechenden neuen Kirchenbewusstsein geprägt. Dafür steht stellvertretend der auch kurz (1922/23) in Bonn lehrende Theologe Romano Guardini (1885–1968). Von ihm stammt das programmatische Wort *Die Kirche erwacht in den Seelen.* Durch die »Liturgische Bewegung«, die nun im Erzbistum Fuß fasste, wurde das neue Bewusstsein besonders über die Jugendbewegung in breitere Kreise der Gläubigen getragen. Die Wiederbesinnung auf das Wesentliche der Kirche, auf die Beziehung Mensch – Gott bzw. Gemeinde – Gott, bewirkte eine neue Sicht der Pfarrei als lebendige Verwirklichung sakramentalen

Lebens. Man betonte eine mitverantwortliche Gemeinde, anstelle bloßer »Heilsvermittlung für Individuen«. Theologisch war hier schon manches von dem angedeutet, was das Zweite Vatikanum 1962/65 zur Richtschnur erhob. Der kirchliche Aufbruch in die Moderne kam vor allem im Kirchenbau und in der sakralen Kunst zum Ausdruck.

Häufiger nahm man die (überpfarrlichen) katholischen Vereine, zum Beispiel der Jugend, nun als Konkurrenz zur Pfarrei wahr und betonte gerade im pastoralen Problembereich »Großstadt« die Pfarrseelsorge stärker.

Katholische Jugend *in Altenberg mit dem Christusbanner, späte 1920er/frühe 1930er Jahre*

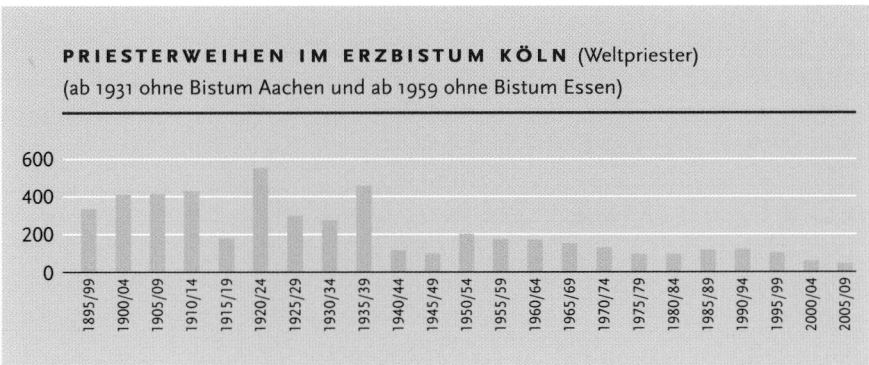

PRIESTERWEIHEN IM ERZBISTUM KÖLN (Weltpriester)
(ab 1931 ohne Bistum Aachen und ab 1959 ohne Bistum Essen)

Zukunftsweisend war die Beteiligung von Frauen in Kirchenchören, was die Kirchenleitung für liturgische Gottesdienste bisher abgelehnt hatte. Ein Problem war die nun rasch ansteigende Zahl von konfessionsverschiedenen Ehen (1920: zehn Prozent, 1930 aber 16 Prozent aller Trauungen). Man legte den Pfarrern pastorale Vorschläge – und den Ehepartnern gegebenenfalls Warnungen – ans Herz. Die wichtige katholische Tagespresse verlor an Bedeutung, doch gab es seit 1924 in Siegburg und Düsseldorf erste regionale Kirchenzeitungen.

Säkularen Einflüssen, besonders in großen Städten, stand eine starke religiöse Erneuerung (»kirchlicher Frühling«) gegenüber. Gerade aus den Städten im Erzbistum kamen in den 1920er- und 1930er-Jahren oft 80 bis 90 Prozent der Neupriester. Ihre Zahl war jetzt so groß wie in keinem anderen Jahrzehnt seit 1821. Nun stieg sie sogar anteilig stärker als die wachsende katholische Bevölkerung.

Dazu hat vor allem die katholische Jugendbewegung beigetragen. In einer nach neuer Orientierung strebenden Gesellschaft fühlten sich Jugendliche von Gruppen wie »Quickborn« oder dem Schülerbund »Neudeutschland« (gegründet 1919 vom Kölner Erzbischof) stark angesprochen. Ihr Ideal war die religiös-geistige und sittliche Erneuerung in Kirche und Gesellschaft. Die Katholische Jugend für ganz Deutschland – Leiter war Carl Mosterts (1874–1926; 1920 Gründer der Sportorganisation DJK, die 1927 schon 700.000 Mitglieder besaß) – hatte ihre Verbandszentrale für Deutschland (bis heute) in Düsseldorf; hinzu kam nun Haus Altenberg, das bald bedeutend wurde. 1926 hatte man deutschlandweit 371.000 Mitglieder und entwickelte jugendgerechte Freizeitgestaltung mit bewusster katholischer Identität.

1932 fand im damaligen Erzbistum Köln in Essen der für 16 dunkle Jahre letzte Katholikentag statt – unter dem damals wegweisenden Motto *Christus in der Großstadt.*

DAS ERZBISTUM IM »DRITTEN REICH«

1933–1945

HITLERS MACHTÜBERNAHME

Schon bevor Adolf Hitler im Januar 1933 die Regierung in Deutschland übernahm, hatte Erzbischof Schulte 1931 vor dem Nationalsozialismus gewarnt und den Geistlichen strenge Distanz zu solchen Ideen verordnet, die die Rasse höher als die Religion

stellten. Parteiaktivisten sollten von den Sakramenten ausgeschlossen bleiben, wie es im Fall von aktiven Sozialisten üblich war. Bei der konsequenten Ablehnung der NS-Lehre durch die Kirche ist es bis 1945 geblieben. In der Kölner Bistumsleitung gab es auch in der Zeit der nationalen Aufbruchstimmung 1933 keine falschen Hoffnungen eines »Stillhaltens« der NSDAP gegenüber der Kirche.

Von Nazis 1931 verwüsteter Vereinssaal in der Pfarrei Köln-Braunsfeld; beim Überfall auf eine Zentrumsversammlung wurde auch Pfarrer Frings (der spätere Erzbischof) verletzt

DIE KÖLNER KIRCHE UNTER DEM DRUCK VON STAAT UND REGIME

Der NS-Staat zielte auf totale Unterwerfung Andersdenkender, auch in der katholischen Kirche, deren Mitglieder 1932/33 in aller Regel nicht die NSDAP gewählt hatten. Die Verfolgungen sollten der sogenannten Amtskirche durch ein Netz von Verordnungen, Gesetzen, schikanösen Maßnahmen bis hin zur Bespitzelung ihre öffentliche Wirkung nehmen und sie vom Kirchenvolk isolieren. Christliche Werte und das katholische Milieu sollten im Lauf der Zeit verschwinden, zum Beispiel durch atheistische

Pfarrprozession in Bad Godesberg zum 25-jährigen Priesterjubiläum des Pfarrers und Dechanten Heimbach (13.8.1939), hinten links die Kirche St. Marien. Die Hakenkreuzfahne war seit 1935 die alleinige Nationalflagge.

Titel einer Publikation *des »Katholische Tat Verlags« in Köln, 1931*

Jugenderziehung. Vereinen und Verbänden wurde schon bald die Basis genommen, wie 1935 durch das Verbot jeder öffentlichen Betätigung für die Katholische Jugend. Bald erfolgten Zwangsauflösungen, etwa 1938/39 der Jugendverbände und des Jugendhauses Düsseldorf. Gegen den erklärten Elternwillen und den Protest der Bistumsleitung erzwang der Staat 1939 – trotz Konkordat – das Schulmonopol. Der Religionsunterricht war bereits aus den Volksschulen verbannt. Die Jugend traf sich inoffiziell weiter. Vereine nahmen – trotz erzbischöflicher Bedenken – offensiv an Großwallfahrten teil. Bei der Männer-Bußwallfahrt nach Köln-Kalk 1934 schätzte die Gestapo 40.000 Teilnehmer statt sonst 12.000. 1934 war die Zahl der Kirchenbesucher so hoch wie seit Jahren nicht. Aber nur im rein religiösen Bereich (Wallfahrten, religiöse Vorträge usw.) konnten die Organisationen noch bestehen; viele »Organisierte« vermissten im Kampf ums Überleben schmerzlich eine stärkere Unterstützung ihres Oberhirten.

Schulte war früh von der Unberechenbarkeit Hitlers (*eine Sphinx, ein unheimlicher Mann*) überzeugt. Bei einer persönlichen Begegnung 1934 in Berlin hatte er eine tiefe neue Bedrohung gespürt und geahnt, wie weit das Regime gegebenenfalls gegen Kirche und Christentum gehen würde. Er hielt sich nach außen hinsichtlich wirkkräftiger Aktionen und Zeichen bedeckt, sodass die Gläubigen – aber auch junge Kapläne – sich in ihrer Ablehnung des Nationalsozialismus kaum an Erzbischof und Bistumsleitung orientieren konnten. Das lag auch an der tief verinnerlichten Obrigkeitstreue und an einer gewissen desillusionierten Weitsicht Schultes.

Der Erzbischof und sein Generalvikar David (1882–1953), seit 1931 im Amt, suchten aber nach Wegen, feindliche Maßnahmen zu verhindern, rückgängig zu machen, den steigenden Druck ohne bequeme Kompromisse auszuhalten oder zu retten, was zu retten war. Es galt für sie, die NS-Beeinflussung zu verhindern, um die Substanz des

Die Hl. Katharina *in einem Fenster der Kirche St. Kolumba, 1943 von Georg Meistermann geschaffen, 1948 eingebaut*

»Rom – Juda. Hände weg vom 3. Reich« – *NS-Agitation in Düsseldorf, 1936*

kirchlichen Wirkens zu sichern und *unserem Volk das volle Glaubensgut unserer hl. Kirche zu bewahren,* das heißt Gottesdienst und Seelsorge. Den einzelnen Katholiken wollte man im Glauben stärken und ihm so möglichst lange existenzielle Bewährungsproben ersparen.

Kurz nach der Begegnung mit Hitler gründete der Erzbischof 1934 die »Abwehrstelle« gegen die antichristliche Ideologie, um Kirchenvolk und Klerus vor schleichender Infiltration der NS-Ideen zu bewahren. Ihr Leiter war – in mutiger Weise – der spätere Generalvikar Joseph Teusch (1902–1976). Es wurden verdeckt circa 17 Millionen vielbeachtete Broschüren verfasst, gedruckt und zur Verteilung gebracht, darunter die millionenfach in ganz Deutschland verbreiteten griffigen »Katechismuswahrheiten« und der sogenannte »Antimythos«, der sich offensiv mit der Schrift des NS-Chefideologen Alfred Rosenberg (1893–1946) auseinandersetzte.

Aufgedeckte Gesetzesverstöße innerhalb der Kirche wie Devisenvergehen (1935) und (damals) strafbare homosexuelle Beziehungen zwischen Ordensleuten (1936/37) nutzte das Regime als Angriff auf die Autorität des Priestertums, indem es sie propagandistisch geschickt nutzte. Von der Welle der sogenannten »Sittlichkeitsprozesse« waren im Erzbistum Köln eine Reihe von Laienbrüdern aus zwei Klöstern sowie zehn Welt- und drei Ordenspriester betroffen.

So war es kein Zufall, dass 1937 mehr als 20.000 Katholiken den Kirchenaustritt erklärten und sicherlich viele weitere diesen Schritt nur aus Rücksicht auf ihr Umfeld scheuten.

Fronleichnamsprozession am Dom *in Köln (links) und mit Kardinal Schulte (unter dem roten Schirm) – rechts ein Kolpingbanner, 1937*

In die Schusslinie des NS-Willkürregimes konnten alle Geistlichen geraten. Man versuchte, ihnen jede öffentliche Äußerung als politisch und somit verboten auszulegen. Selbst die Befolgung der Amtspflichten konnte zum Verhängnis werden – und dies in allem, insbesondere wenn sie sich seelsorglich um Häftlinge, Zwangsarbeiter oder gar Juden kümmerten. Wo sie offensiv Mut zeigten, konnten sie nicht auf spürbare Rückendeckung oder gar Anerkennung der Bistumsleitung hoffen.

Kirchliches Handeln drehte sich nicht nur um die Auseinandersetzung mit dem NS-Regime. Ein Thema dieser Jahre waren zum Beispiel die von vielen Bischöfen als bedenklich angesehenen Tendenzen in der Liturgie, vor allem das Vordringen der deutschen Sprache bzw. das sogenannte »deutsche Hochamt«. Die Lebendigkeit der Kirche im Inneren zeigt sich daran, dass noch 1942 – mitten im Krieg – durchschnittlich 38 Prozent aller Katholiken sonntags zur Messe kamen. Der Weihejahrgang 1939 war mit 116 Neupriestern der stärkste seit über 15 Jahren. Es ist dem NS-Regime nicht gelungen, das katholische Milieu im Kern oder die Autorität der Priester kurzfristig entscheidend zu schwächen; die Abrechnung hatte das Regine für die Zeit nach dem »Endsieg« geplant.

AUS DER ÖFFENTLICHKEIT VERDRÄNGT —
GESELLSCHAFTLICH GEBUNDEN

Im Krieg wurden die Schikanen immer schärfer. Kirchliches Wirken war nun in Deutschland fast vollständig in den inneren Bereich, hinter die Kirchenmauern, zurückgedrängt. Im Dienst an der Gesellschaft konnte lediglich die Caritasarbeit vor allem in zahlreichen auch von Orden geführten Krankenhäusern fortgesetzt werden. Um das Funktionieren der Häuser zu sichern, bedienten auch kirchliche Einrichtungen sich wegen des kriegsbedingten Arbeitskräftemangels und letztlich ohne jedes Unrechtsbewusstsein der »billigen« Arbeitskraft von zwangsdeportierten, meist jungen Frauen und Männern (insgesamt circa 1.000 Zwangsarbeiter im Bereich des Erzbistums) aus besetzten Gebieten, auch wenn man in aller Regel menschlich mit ihnen umging. Schmerzlich für die Kirche war die Zwangsräumung und Enteignung zahlreicher Klöster wie Siegburg, Knechtsteden oder Walberberg sowie unter anderem des Priesterseminars.

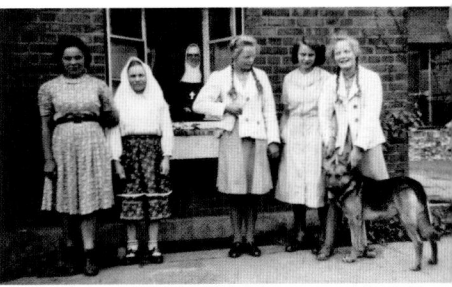

Zwei ukrainische Zwangsarbeiterinnen *(links) im Caritaskrankenhaus Köln-Hohenlind, zusammen mit einer Nonne und drei deutschen »Pflichtjahrmädchen«, 1944*

Die Ernennung von Josef Frings 1942 zum Erzbischof war ein Moment der Hoffnung. Zahlreiche Menschen waren anwesend bei der Bischofsweihe im Dom im Juni 1942 und mehr noch bei der anschließenden pastoralen Rundreise durch das Erzbistum, welche Frings selbst als »Triumphzug« empfand. Der neue Erzbischof zeigte sofort auch öffentlich »Flagge« gegen die Unmenschlichkeit des NS-Regimes. Er schlug seit 1942 in Hirtenworten und Predigten mehrfach klare Töne an, zum Beispiel gegen rassistische Überheblichkeit, und kritisierte konkret das *himmelschreiende Unrecht* an den Juden und mehrmals ausdrücklich die Tötung aus rassischen Motiven im angeblichen Interesse des Gemeinwohls. Freilich war der Völkermord an den Juden so nicht (mehr) zu verhindern.

Begrüßung für den neuen Erzbischof
am Erzbischöfl. Palais, 1942

Die Kirche und die Juden, ihre Verfolgung und der Holocaust

Die NS-Weltanschauung, *rassefremde* oder *minderwertige Elemente* aus der deutschen *Volksgemeinschaft* bedingungslos auszuschließen, hatte sich schon 1933 in Gesetzesmaßnahmen niedergeschlagen. Den propagierten Vorstellungen, anstelle des Christentums den völkischen Glauben an die germanische Rasse zur Grundlage des Staates zu machen, haben 1934/35 die deutschen Bischöfe und 1937 auch der Papst öffentlich widersprochen. *Wer die Rasse oder das Volk oder den Staat oder die Staatsform ... vergöttert, der verkehrt und fälscht die gottgeschaffene ... Ordnung der Dinge.*

Aus der Verteidigung des christlichen Glaubens gegen derartigen Rassismus erwuchs aber kein positiver Einspruch gegen die schleichende antisemitische Ausgrenzung der Juden. Die biblischen Bezüge zwischen Altem und Neuem Testament wurden einseitig gesehen: Jesus galt in erster Linie als Sohn Gottes und nicht als Jude; die »ungläubigen Juden« waren »Wurzel« und (negativer) Zeuge des Christentums. An dieser Haltung änderten weder die gesellschaftlichen Vorurteile vom liberalen »reichen Juden« etwas, noch die – solange das NS-Regime es noch zuließ – durchaus aktiven kirchlichen Hilfs- und Ausreisemaßnahmen. Erst als seit September 1941 zum katholischen Glauben übergetretene Juden den stigmatisierenden Stern tragen mussten, weil sie aufgrund ihrer jüdischen Abstammung als Juden (sogenannte *Nichtarier*) verfolgt und deportiert wurden, wurde das ganze Dilemma offensichtlich.

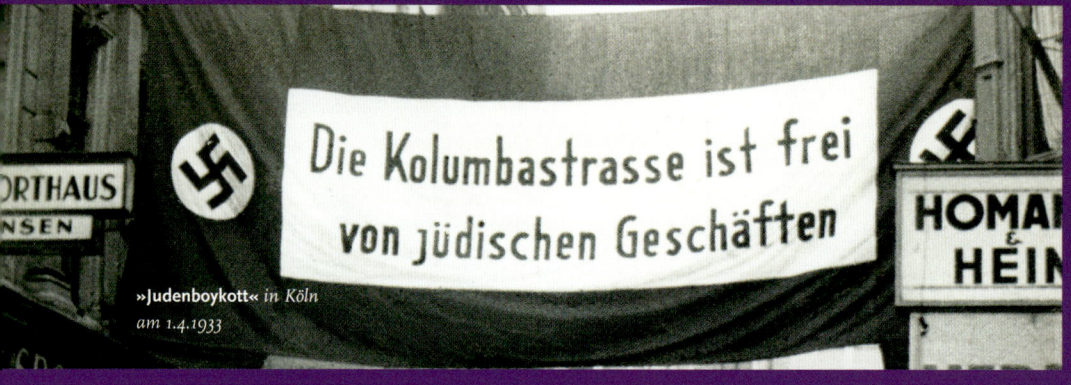

»Judenboykott« *in Köln*
am 1.4.1933

Angesichts der im Sommer 1941 europaweit einsetzenden Deportationen der Juden in die NS-Vernichtungslager rangen die deutschen Bischöfe lange um den richtigen Weg des Protests. Die öffentlichen Hirtenworte 1942/43 zielten gegen die Verletzung der Gottes- und Menschenrechte durch deutsche Kriegsverbrechen einschließlich der Ermordung der Juden. Aufhalten ließen sich der NS-Vernichtungskrieg und der Holocaust dadurch nicht. In ihrer vollen verbrecherischen Dimension scheint den Bischöfen die Judenvernichtung während des Krieges noch nicht bewusst gewesen zu sein. Nach dem Kriegsende war tiefergehende kritische Selbstreflexion lange Zeit in Deutschland weithin kein offenes Thema; das galt auch für die Bischöfe. Das Zweite Vatikanische Konzil stellte das Verhältnis des Christentums zum Judentum auf eine neue Grundlage. Die Päpste, namentlich Johannes Paul II., gestalteten es wegweisend aus. Ein Beispiel ist die Heiligsprechung von Edith Stein 1998.

Gedanken eines katholischen Theologen zur Judenfrage.

Die Kirche kennt keinen Unterschied unter ihren Gläubigen. Sie sagt mit dem hl. Paulus: Das Evangelium „ist eine Kraft Gottes für jeden, der glaubt, den Juden zunächst und dann den Heiden". Gibt es einen Gedanken, der fundamentaler christlich wäre, als daß der christliche Glaube Brüder schafft? War der Heiland

Appell des Priesters und Bonner Theologieprofessors Neuß *gegen die Rassenlehre,*
Deutsche Reichszeitung 1.6.1933

Die brennende St. Gertrud-Kirche
in Düsseldorf-Eller, 22./23.8.1943

Die Seelsorge erforderte nun völlig neue Konzepte, um die Zivilisten fern der Heimatpfarreien, oft in protestantischen Regionen, beim Arbeitsdienst, in der Kinderlandverschickung oder in der Evakuierung (zum Beispiel nach Thüringen) geistlich zu erreichen. Weitere Aufgaben der Zeit waren das Eindämmen der mörderischen »Euthanasie«-Aktionen, aber auch der Schutz der Kunstgegenstände wie im Kölner Dom vor den Bomben.

Der sich auch in Deutschland nun verschärfende Luftkrieg und das sich »seit Stalingrad« 1943 für viele im Voraus abzeichnende Ende des »Dritten Reiches«, die Sorge ums Überleben bestimmten das Leben auch der Kölner Kirche, die für die Menschen in Not ihre Seelsorge bis in die Trümmer der Städte aufrechterhalten konnte.

SCHULDFRAGE, WIDERSTAND, BEKENNER UND MÄRTYRER

Als Institution blieb die Kirche ihrem Auftrag auch in der NS-Zeit treu und widersetzte sich so dem Unterwerfungsanspruch und -druck. Ob eine offensivere Politik der Bischöfe Entscheidendes hätte verhindern können, ist ungewiss. Niemand kann sagen, inwieweit der einzelne Christ in konkreten Lebenssituationen, etwa durch »Wegsehen«, schuldig wurde oder wo mit mehr Mut auch ohne existenzielle Gefahr man zugunsten des Nächsten etwas hätte erreichen können; aus heutiger Sicht ist darüber letztlich nicht zu urteilen oder zu verurteilen. Die breite Mehrheit der aktiven Katholiken bewahrte sich ihren Glauben und ihr waches Gewissen. Anhaltende Sympathie gegenüber dem Nationalsozialismus oder gar engagierte Mitgliedschaft in NS-Organisationen waren unter aktiv gläubigen Katholiken Ausnahmen. Von der ideologischen Vereinnahmung zu unterscheiden ist aber das Verhalten des Einzelnen als Staatsbürger, der gegebenenfalls politische Maßnahmen der Regierung begrüßen

Dachau 3 k bei München, Konzentrationslager.

Johannes **C a r l s**, geb. 17.12.86,
Gef.-Nr. 29400, Block 26/4.
Franz **D o p p e l f e l d**, geb. 19.7.05,
Gef.-Nr. 26980, Block 26/3.
Heinz **B r e s b a c h**, geb. 25.11.1911,
Gef.-Nr. 27084, Block 26/3.
Julian **K i l i n s k i**, geb. 19.6.06,
Gef.-Nr. 22791, Block 26/3.
Hermann **R i c h a r z**, geb. 30.1.07,
Gef.-Nr. 41553, Block 26/4.
Alois **T h e i s s e n**, geb. 13.12.99,
Gef.-Nr. 26310, Block 26/3.

Nur Lebensmittel, keine schriftlichen Nachrichten,
keine Drucksachen.

Notiz der erzbischöfl. Verwaltung:
Priester im KZ-Dachau, 1943/44

konnte. Wie fast alle Deutschen leisteten auch Katholiken dem Staat Militärdienst als »vaterländische« Pflicht und verfolgten das Kriegsgeschehen anfangs mit Siegeserwartungen. Wie weit der Einzelne dabei jeweils die tieferen Absichten des Regimes ahnte oder durchschaute, bleibt eine offene Frage.

Der Klerus enthielt sich – so bestimmte es auch das Reichskonkordat 1933 – jeder politisch-ideologischen Annäherung an das System. Priester und Laien traten vielmehr zahlreich und unerschrocken für ihren Glauben ein. So betonten es auch die Bischöfe in ihrem Gemeinsamen Hirtenwort bald nach Kriegsende im August 1945. Doch sie gestehen darin auch die Schuld der Kirche: *Und dennoch: Furchtbares ist schon vor dem Kriege in Deutschland und während des Krieges durch Deutsche in den besetzten Ländern geschehen. Wir beklagen es zutiefst: Viele Deutsche, auch aus unseren Reihen, haben sich von den falschen Lehren des Nationalsozialismus betören lassen, sind bei*

Im Gespräch: *Nikolaus Groß, Bernhard Letterhaus und der Kölner Priester und Arbeiterverbandsfunktionär Hermann-Joseph Schmitt (von links)*

den Verbrechen gegen menschliche Freiheit und menschliche Würde gleichgültig geblieben; viele leisteten durch ihre Haltung den Verbrechen Vorschub, viele sind selber Verbrecher geworden.

In sehr wenigen Fällen übten Geistliche als V-Leute Spitzeldienste für die Gestapo aus; das betraf deutlich unter 0,5 Prozent der 2.486 Geistlichen der Jahre 1933/45.

Hingegen mussten mindestens 134 Kölner Priester und Ordensleute – soweit bekannt – Haftstrafen ertragen, sechs Kölner Diözesanpriester bezahlten in den Jahren 1941 bis 1945 ihren Berufseinsatz und ihre Zivilcourage mit dem Leben; hinzu kamen mehrere Ordensleute. Hunderte weitere Priester standen für die Seelsorge und Verkündigung in ständiger Gefahr der Inhaftierung oder gar der Einweisung in ein KZ. Vergleichbares gilt für viele gläubige Laien, die mutig blieben und zum Beispiel Verfolgten halfen, etwa mit einem Stück Brot. Eine Reihe von ihnen, aber auch einige wenige Priester, haben das Risiko aktiven politischen Widerstands auf sich genommen,

Märtyrer – Beispiele

Johannes Flintrop (* 1904, † 28. August 1942 KZ Dachau),
Kaplan in Mettmann, erklärte 1942 im Seelsorgegespräch, der
Krieg sei noch nicht gewonnen und die deutsche Wehrmacht
begehe, wie er von einem Soldaten gehört habe, ebenso wie die
Russen Gräueltaten. Ein solcher Satz war bereits zu viel.
Franz Böhm (* 1880, † 13. Februar 1945 KZ Dachau), Pfarrer in Düs-
seldorf-Gerresheim, betreute polnische Menschen in ihrer Sprache
und predigte mutig und offen u.a. gegen NS-Propagandafilme.
Dr. Johannes M. Verweyen (* 1883, † 21. März 1945 KZ Bergen-Belsen),
Bonner Philosophieprofessor (1934 entlassen), früh aus der Kirche
ausgetreten, später Altkatholik, 1936 zur Kirche zurückgekehrt, vertrat furchtlos und offen christliche Werte.
Johannes Zimorski (* 1872, † 24. April 1945 KZ Mauthausen), Hüt-
tenarbeiter i. R. und Familienvater in Oberhausen, betonte zigfach,
dass die Kirche über dem (NS-) Staat stehe, sagte (1942 nach Bom-
benangriffen), dass alle Völker Schuld auf sich lüden und forderte
1943 einen Wehrmachtssoldaten auf, die Waffen niederzulegen.

*Der »Schmerzens-
mann« – Figur des einsam
leidenden Christus in
der Krankenhauskapelle
in Köln-Hohenlind
(geschaffen von Ewald
Mataré 1939/40)*

ein folgenschwerer Schritt, den letztlich jeder Einzelne für sich vollziehen musste. Die
Bischöfe sahen es nicht als Sache der Kirche an, aktiven Widerstand zu schüren oder
zu leisten. Mehr als 20 katholische Laien aus dem Erzbistum, darunter die Kölner

Nikolaus Groß (1898–1945, 2001 seliggespro-
chen) und Bernhard Letterhaus (1894–1944)
sowie das Mitglied der Weißen Rose, Willi
Graf (1918–1943, geboren in Kuchenheim
und Student in Bonn) – allesamt im aktiven
Widerstand – wurden wegen ihres religiös
bestimmten Handelns ermordet.

Die als Heilige verehrte Kölner Karmelitin jüdischer Herkunft Edith Stein (Teresia
Benedicta a Cruce) musste 1938 in die damals
noch unbesetzten Niederlande fliehen, wurde
dort im Kloster Echt 1942 verhaftet und
wenige Tage später in den Gaskammern
von Auschwitz ermordet.

Impression aus dem 1999 eingeweihten
Edith-Stein-Denkmal *in Köln*

DAS ERZBISTUM VON DER SOGENANNTEN »STUNDE NULL« ZUM ZWEITEN VATIKANUM

1945–1962/65

Kardinal Frings *(gemalt von Ernst Günter Hansing, 1964)*

Josef Kardinal Frings (1942–1969)

Der 1887 in Neuss als Sohn eines Weberei-Fabrikanten Geborene war lange Pfarrer in Köln-Braunsfeld und leitete seit 1937 das Priesterseminar, als er 1942 zum Erzbischof gewählt wurde. In seiner rheinischen Art, seiner volksnahen und klaren Sprache fand Frings schnell die Zuneigung der Menschen. Ausdruck der spürbaren Volksnähe wurde sein öffentlicher Hinweis in der Silvesterpredigt 1946 (in Köln-Riehl), dass in absoluten Notfällen Selbsthilfe durch Mundraub moralisch erlaubt sei. Bis heute ist das vielen als »Fringsen« in Erinnerung. In

den Jahren der Not wurde Frings als Vorsitzender der deutschen Bischöfe (1945 bis 1965) für kurze Zeit zum Sprecher und »Anwalt« des regierungslosen deutschen Volkes gegenüber den Besatzungsmächten. 1946 erfolgte die Erhebung zum Kardinal. Weltweite Bekanntheit erfuhr Frings später, durch den erfolgreichen Aufbau der Hilfswerke Misereor und Adveniat. Frings besaß sehr gutes Gespür bei der Auswahl seiner Mitarbeiter und Berater. Beim Zweiten Vatikanum ergriff der nun schwer sehbehinderte Kardinal Frings als Mitglied des Konzilspräsidiums an entscheidenden Stellen das Wort und äußerte Wichtiges prägnant und offen. Einer seiner Berater war der junge Bonner Theologieprofessor Joseph Ratzinger (geboren 1927, 2005–2013 Papst). Mit seiner ersten Intervention im Oktober 1962 beeinflusste Frings besonders die Zusammensetzung der Konzilskommissionen, was für deren kollegiale reformorientierte Arbeitsweise entscheidend war. Auch gab er 1963 den Anstoß zur Umgestaltung der mächtigen höchsten römischen Glaubensbehörde, des heiligen Offiziums.

Der fast blinde Frings bot dem Papst 1968 seinen Rücktritt an. 1969 nahm der Papst diesen an.

Oben hinterlegt: **Manuskript der Predigt** *von Kardinal Frings zu Silvester 1946*

Kardinal Frings *beim Entschuttungs-Ehrendienst im Waisenhaus Köln-Sülz, 1946*

HOFFNUNG, WIEDERAUFBAU, BLÜTE KIRCHLICHEN WIRKENS

Die katholische Kirche galt 1945 weithin als die einzige Institution, die unter der Diktatur intakt und glaubwürdig geblieben war. Sie wurde daher Ansprechpartner und gesellschaftspolitischer Faktor beim Neuaufbau. In Köln war vor allem der in den Trümmern bis zum Einmarsch der Amerikaner ausharrende Stadtdechant Robert Grosche (1888–1967) Symbol für die moralische Integrität der Kirche. In manchen Orten, zum Beispiel im Vorgebirge um Brühl oder Hürth, bestimmten die Besatzungsmächte die Pastöre als integre Autoritäten zu Ortsbürgermeistern; die Bistumsleitung verbot diese dem Kirchenrecht widersprechende Praxis bald (1945/46). Über-

Kardinal Frings *bei der Visitation in Bad Godesberg-Friesdor*

all gingen die Gemeinden 1945 an den Neuaufbau des kirchlichen Lebens, durchaus auch im Dialog mit den Protestanten, ihren Leidensgenossen unter dem NS-Regime,

Ankündigung *für den Kölner Kolpingtag 1949*

denen man nicht selten die vorübergehende Mitnutzung der eigenen Kirche gewährte. Durch eine bessere, christlich geprägte Gesellschaft sollte eine Katastrophe wie in der NS-Zeit für immer verhindert werden.

Im engsten Kreis um den Erzbischof wurden auch gesellschaftliche Perspektiven erörtert, und 1947 entstand das Katholisch-Soziale Institut (seit 1952 in Bad Honnef). Auf Initiative von Kardinal Frings bildete sich 1946 unter Wilhelm Böhler das von Laien aktiv geprägte Diözesankomitee der Katholikenausschüsse; sehr schnell agierte man in Düsseldorf. Das »Kölner Modell« mit Laien als Multiplikatoren für christliche Gestaltung der Gesellschaft wurde richtungweisend für viele Bistümer.

Zwar sahen die Verantwortlichen realistisch den geschwächten Glauben bei vielen Menschen, bedingt durch die NS-Zeit und den Krieg. So schrieb Frings 1946 an Papst Pius XII.: *... die große Masse der Abseitsstehenden findet noch nicht den Weg ...*

Prozession im zerstörten Köln *beim Domfest im August 1948*

zurück. Dennoch war es klares Ziel der Kirche, an das blühende und ungestörte kirchliche Leben der frühen 1930er-Jahre anzuknüpfen. Die Kirche zog Menschen an; die Zahl der Kirchenaustritte nahm stark ab. Laien drängten in den Dienst als Religionslehrer; bald (1952) entstanden in Bonn Seminare für Katechet(inn)en und Seelsorgehelfer(innen), die heutigen »Gemeindereferentinnen« und »-referenten«. Der Papst bestätigte 1947 die Bestrebungen der Liturgischen Bewegung. Personalzuwachs hatten bis in die 1950er-Jahre die Orden. Hohen Stellenwert besaß die Verehrung der Muttergottes, Hauptpatronin des Erzbistums (Festtag 8. Dezember).

Höhepunkt und Symbol dieser Phase – und zugleich überregionale Manifestation des Kölner Selbstbewusstseins und des Stellenwertes der Kirche in Deutschland – war 1948 die von Frings ganz bewusst initiierte großangelegte 700-Jahr-Feier der Grundsteinlegung des Kölner Domes, mit 37 in- und ausländischen Kardinälen und Bischöfen.

Altenberger Lichtstaffette *mit Kardinal Frings, um 1950*

Kardinal Frings im Gespräch mit Bundeskanzler **Adenauer** *auf dem Kölner Katholikentag 1956*

VERÄNDERTE POLITISCHE SITUATION

Kirchliche Rechtspositionen aus der Zeit bis 1933 konnten unter neuen politischen Bedingungen gewahrt werden (christliche Grundwerte in den Verfassungen, Wiedereinsetzung der konfessionellen Volksschule bzw. Bekenntnisschule); die Konkordate galten fort. Durch Annäherung beider Konfessionen kam es zur Gründung der überkonfessionellen christlichen Partei CDU, für die sich Kardinal Frings mit Nachdruck aussprach. Die Lage des bundesdeutschen Regierungssitzes Bonn seit 1948/49 zog auch viele kirchliche Institutionen ins Erzbistum. Frings' politischer Berater Wilhelm Böhler (1891–1958) hatte in der frühen Bundespolitik erheblichen Lobby-Einfluss, etwa auf Ehe-, Familien-, Wirtschafts- und Sozialpolitik.

Für das neu gegründete »Ruhrgebietsbistum« Essen (seit 1. Januar 1958) gab Köln geringe Teile seines Gebietes, aber 15 Prozent der Priester und 20 Prozent der Gläubigen ab.

REORGANISATION UND KIRCHLICHES LEBEN — HERAUSFORDERUNGEN DER PLURALISTISCHEN GESELLSCHAFT

Schon 1948 änderte sich die Lage; der Vatikan sprach vom *Missionsland Deutschland.* Auch der Kölner Bistumsleitung war nun bald bewusst, dass die große Blüte und Aufbruchstimmung an der Basis, anders als seinerzeit nach 1918 in der Jugendbewegung, ausbleiben würde. Tiefer gründende Veränderungen in Kirchenvolk und Gesellschaft wurden spürbar. *Kein religiöser Frühling, aber solider Wiederaufbau mit wertvollen Ansätzen,* so resümierte Frings 1955 vor den deutschen Bischöfen kritisch; es dominiere nun die Organisation.

Frauenjugend-Gruppe *im Haus Altenberg, 1950er Jahre*

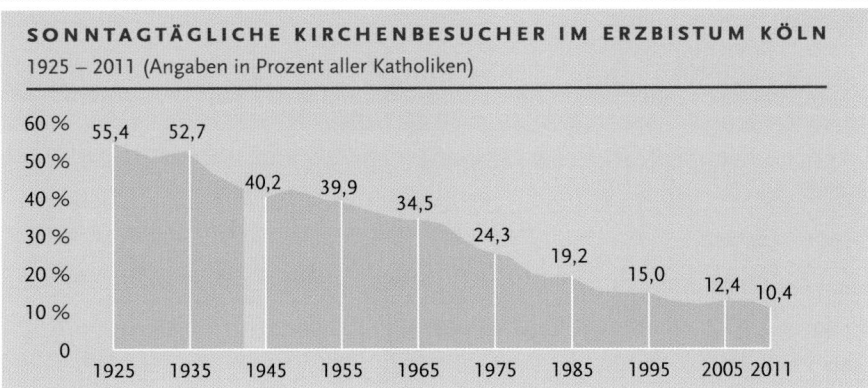

SONNTAGTÄGLICHE KIRCHENBESUCHER IM ERZBISTUM KÖLN
1925 – 2011 (Angaben in Prozent aller Katholiken)

Die Eindämmung von schwierigen Einflüssen durch Film und Fernsehen, Freizeit- und Wohlstandsmentalität, vor allem auf die Jugend, war mit althergebrachten Mitteln nicht machbar. Zu tiefgreifend wirkte der Wandel in der zunehmend pluralen, säkularisierten und individualistisch geprägten Gesellschaft, sogar auf dem Lande; die Gläubigen fühlten sich als Bürger, nicht mehr als Untertanen früherer Tage; persönliche Freiheiten wurden prägender, Gewissensentscheidungen eigenständiger. Starke Sorge bereitete das Fernbleiben gerade junger Familien in Neubauvierteln oder in den Großstädten die extrem geringe Teilnahme von Männern am Sonntagsgottesdienst. Pastorale Nähe, zum Beispiel planmäßige Hausbesuche sollten entgegenwirken. In der Tat erreichte die Zahl der sonntäglichen Kirchenbesucher nach 1945 nie mehr annähernd den Stand der 1920er- bzw. frühen 1930er-Jahre und sank von ihrem Höchststand im Jahr 1947 (durchschnittlich 42 Prozent) langsam, aber ständig auf 35 Prozent im Jahre 1965. Die vom Generalvikariat mit viel Einsatz koordinierte Seelsorge hatte die durchlässiger werdenden Konfessionsgrenzen zu beachten; konfessionsverschiedene Ehen waren nun keine Ausnahmen mehr (1960 29 Prozent aller Trauungen, 1930 noch 16 Prozent). Sorgen bereiteten bald die Neupriesterzahlen. Schon 1950 sprach man vom *außerordentlichen Priestermangel*. Wachsende Lücken im Seelsorgeklerus konnten verstärkt durch Ordenspriester ausgeglichen werden.

Es kam bald unter dem entscheidungskräftigen von 1952 bis 1969 amtierenden Generalvikar Teusch zu einer gewaltigen Wiederaufbau- und Reorganisationsleistung im Erzbistum, ermöglicht durch neuen gesellschaftlichen Wohlstand, an dem die Kirche in Form der neuen Steuererhebung (seit 1950) zunehmend partizipierte. Das Konzept einer persönlicheren Seelsorge und von überschaubareren Gemeinden erbrachte in den überall neu entstehenden Siedlungen eine gewaltige – aus heutiger Sicht fast schon »maßlose« – Welle von neuen Pfarrei-Errichtungen. Gewaltigen Aufschwung nahm der moderne Kirchenbau.

Die Pfarrkirche St. Mechtern in Köln, *1952/56 erbaut (Architekt Rudolf Schwarz).* **Pfarrkirche St. Stephan in Köln-Lindenthal,** *1961 fertiggestellt (Architekt Joachim Schürmann)*

Moderner Kirchenbau seit 1945

Als Ersatz für ganz oder weitgehend zerstörte Gotteshäuser (circa 200 Bauten) sowie als Neubau für die vielen Pfarrgründungen wurden im Rahmen des Seelsorgekonzeptes der 1950er- und 1960er-Jahre im Erzbistum neue Kirchen gebaut, insgesamt etwa 650 Kirchen und Kapellen, davon über die Hälfte bis 1955.

Glücklicherweise empfahlen sich in Köln besonders jene Architekten, die an die modernen Ideen der 1920er-Jahre anknüpfen konnten. Mit ihren Schülern entfalteten sie jetzt ihr reichhaltiges Gestaltungsrepertoire und machten das Erzbistum zu einem ausgesprochenen Zentrum für den Kirchenbau. Kardinal Frings und seine Berater, vor allem Willy Weyres (1903–1989) als Diözesanbaumeister, ließen der Kreativität entsprechend der nun auch durch Rom befürworteten Neubesinnung über Liturgie und Kirche weitgehend freien Lauf. Manches wurde vorweggenommen, was das Konzil später forderte. Die Diözesansynode 1954 empfahl ausdrücklich die Aufstellung der Gemeinde von drei Seiten um den Altar sowie, bei dezenter Hervorhebung des Altarraums, die Vermeidung aller trennenden Elemente zwischen Gemeinde und Altar.

Wiederaufbau und Neubau vieler Kirchen seit 1945 erforderten auch eine angemessene künstlerische Ausstattung. Im Zuge der Liturgiereform nach dem Zweiten Vatikanum, bei der sich die Zelebration der heiligen Messe zum Volk hin durchsetzte, wurde indes vor Ort viel Altes vorschnell umgeändert und eigenmächtig zerstört.

Die Bistumsleitung hatte so noch nie dagewesene Gestaltungsmöglichkeiten. Steigende Geburtenzahlen erforderten zahlreiche Kindergärten und Schulen. Zunehmend professionalisiert wurde der karitative Bereich. Man kümmerte sich speziell um die Heimatvertriebenen und später um die katholischen »Gastarbeiter«.

Die Diözesan-Katholikenausschüsse (später: Diözesanrat) waren sehr aktiv in der Erwachsenenbildung. 1953 entstand die Thomas-Morus-Akademie (seit 1958 in Bensberg), getragen von den Laien. Das wiederhergestellte, nun stärker »verkirchlichte« Vereins- und Verbandsleben wurde augenfällig auf den Großkundgebungen des Kölner Katholikentags 1956.

Wallfahrten, zum Beispiel nach Neviges und Altenberg, waren beliebt. Exerzitien und Volksmissionen erreichten aber nicht mehr alle Gläubigen. Beim Gottesdienst setzten sich als Folge der im Krieg geübten Gewohnheiten Abendmessen durch. Mit veränderten Arbeits- und Lebensrhythmen gerieten viele Andachtsübungen außer Gebrauch. Eine zeitgemäße und erfolgreiche Neuschöpfung ist der seit 1958 bestehende Sternsingerbrauch für die Kinder.

Aus der Verantwortung der Deutschen, deren Wohlstand spürbar wuchs, und der Sorge für die Christen weltweit initiierte Köln 1954 gezielt eine Bistumspartnerschaft, und zwar mit dem kleinen Erzbistum Tokyo (22.000 Katholiken). Frings und Generalvikar Teusch waren auch Wegbereiter für die beiden Hilfswerke der Bischöfe (1958 bzw. 1961) für die Menschen in den armen Kontinenten. Die Idee »Hilfe zur Selbsthilfe« für die unterentwickelten Völker und Kirchen machte bald auch Eindruck auf die Politik und beim Konzil 1962 auf die versammelten Bischöfe der Welt.

Plakat zur Hilfsaktion »*Misereor*« *gegen Hunger und Krankheit in der Welt, 1962*

DAS ERZBISTUM UND DAS ZWEITE VATIKANISCHE KONZIL
1962/65–1975

AUFBRUCH IM ZEICHEN DES KONZILS — ERWARTUNG UND ERNÜCHTERUNG

Seit 1962 führte das medial sehr präsente Konzil zu einer für uns heute kaum noch vorstellbaren Aufbruchstimmung und zu vermehrter Spannung darüber, was an konkreten Veränderungen vor Ort möglich werden würde.

Nach Abschluss des Konzils ermunterten die deutschen Bischöfe, die mit den Kardinälen Döpfner und Frings anfangs führend zur progressiven Mehrheit der Konzilsväter gehört hatten, zur Umsetzung des Konzils. Sie wollten 1965 Mitwirkung aller auf allen Ebenen zur *Erneuerung*, nicht *Neuerungssucht* oder *Hang zum Leichteren und Bequemeren;* sie warnten vor bloßer Traditionsverhaftetheit.

Die Erwartungen an die Umsetzung der Konzilsbeschlüsse fielen in Deutschland mit der Studentenrevolte zusammen. Damals entwickelte zumindest die jüngere Generation, die sich im kirchlichen Bereich stark engagierte, ein neues, kritisches Demokratieverständnis. Autoritäten wurden grundsätzlich infrage und Inhalte jeder Art zur Diskussion gestellt. Viele verstanden Frieden – vor dem Hintergrund des Vietnamkrieges – und eine gerechte Welt auch als Forderungen des »revolutionären« Jesus Christus, die nach dieser Vorstellung nun – gefördert von der nachkonziliären Kirche – Realität werden sollten.

Gottesdienst des »Bundes der Katholischen Jugend« beim Bundesfest im Düsseldorfer Stadion, 1965

Blick in die Aula *des Zweiten Vatikanischen Konzils im Petersdom, wohl 1962*

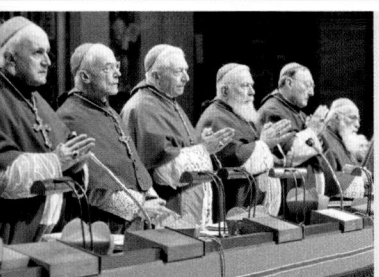

Kardinal Frings *(2. von links) am Präsidiumstisch des Konzils*

Zweites Vatikanisches Konzil

Papst Johannes XXIII. kündigte 1959 überraschend ein allgemeines Konzil an zur Annäherung an die *Welt von heute*. Die Eröffnung erfolgte vor rund 2.500 Bischöfen und Ordensoberen aus aller Welt (62 Prozent Nicht-Europäer) am 11. Oktober 1962. Bis zum Abschluss durch Papst Paul VI. (1963–1978) im Jahr 1965 tagte man im Petersdom in vier Sitzungsperioden. Über die Medien bestand weltweit hohe Publizität. Im Lauf der Beratungen entwickelte sich unter den Teilnehmern eine überraschende Dynamik des »*Aufbruchs*« und des »*Umbruchs*« in der Kirche (J. Frings 1964). In oft hartem Ringen zwischen beharrenden Kreisen der römischen Kurie und der Mehrheit vorwärts strebender Konzilsväter entstanden 16 Konstitutionen, Dekrete und Erklärungen.

Das Konzil bestätigte viel Gewachsenes: Laienbewegung, Liturgische Bewegung, Ökumene. Es betonte ein neues Verständnis von Kirche, die nun aufgefasst wurde als die Gesamtheit aller Gläubigen, in der jeder Einzelne Mitverantwortung trägt. Völlig neu war die Anerkennung der Gewissensfreiheit, der Religionsfreiheit und des positiven Verhältnisses zu den nicht christlichen Religionen, nicht zuletzt den Juden, die nicht mehr als »Ungläubige« gesehen wurden. Das Konzil öffnete die Kirche für den Dialog, betonte ihre Wurzeln und Quellen wie vor allem die Bibel und die Schriften der Kirchenväter neu. Es veränderte so das Leben der Kirche dauerhaft, forderte aber auch zur Interpretation und Umsetzung seiner Ergebnisse heraus.

Auf der anderen Seite war etlichen, meist den älteren Gläubigen, das Neue des Konzils suspekt. Von dem, was sie im Religionsunterricht gelernt hatten und was ihnen wichtig gewesen war, schien plötzlich ein großer Teil nicht mehr zu stimmen; in der heiligen Messe nach der Liturgiereform fühlten sie sich nicht zu Hause. Man zweifelte an den Autoritäten, wenn etwa peinlich enge Vorschriften, die einem ein Leben lang Gewissensnöte bereitet hatten (etwa das bis zum Konzil strenge Nüchternheitsgebot vor der Kommunion), mit einem Mal quasi gegenstandslos sein sollten; oder wenn Bischöfe etwa auf der Schlussfeier des Essener Katholikentags 1968 durchweg angepasst *ohne Amtstracht ... im unauffälligen schwarzen Anzug erschienen.*

Bis hinein in den Kreis der Geistlichkeit entwickelten sich im Anschluss an das Konzil ungewohnte öffentliche Debatten zu einschneidenden Fragen wie zum Beispiel der Abschaffung des Pflichtzölibats; viele Priester legten ihr Amt nieder, 1970 sogar der kurz zuvor zurückgetretene Abt von Siegburg. Die Wahrnehmung des Wandels reichte in den Augen der Zeitgenossen von »überaus positiv« und »wahrhaft lebendig« bis hin zum Erschrecken über drastische, weitreichende Forderungen und offene Missachtung der kirchlichen Au-

Werbung für die »Volksmission« in den Kölner Pfarreien 1967

toritäten. Auch der Kölner Erzbischof, der doch anfangs den Aufbruch positiv voran-getrieben hatte, war schockiert. Man meinte für die Kirche eine durch das Konzil aus-gelöste *Grundwelle* zu verspüren, die die *Fundamente unterspült* (H. Jedin, 1969).

Aufruf von 1968 *zur erstmaligen Wahl des Pfarrgemeinderates (links).* **Das KAB-Plakat zeigt** *die 1966/68 nach den Plänen von Gottfried Böhm gebaute Wallfahrtskirche Neviges.*

Praktische Schwierigkeiten zeigten sich für die Bistumsleitung in der konkreten Einbindung der Gremien wie Priesterrat und Seelsorgerat, die gemäß dem Konzil 1967 zur Beratung des Erzbischofs neu errichtet worden waren. Ferner mussten sich die

Verantwortlichen mit neuen drängenden Forde-rungen der zunehmend selbstbewussteren Laien auseinandersetzen. Sie hatten durch das Konzil deutliche Aufwertung erfahren. So wur-den Laien 1965 Diözesan-Caritasdirektor und 1968 Leiter der katholischen Akademie in Bens-berg. Für die Pfarreien entstanden 1968 als Be-ratungsorgane die gewählten Pfarrgemeinde-räte. 1968 wurden in Köln weltweit die ersten (verheirateten) Ständigen Diakone geweiht.

Kardinal Frings *bei Papst Paul VI.*

Joseph Kardinal Höffner (1969–1987)

Als Sohn eines Landwirtes aus Horhausen/Westerwald (Bistum Trier) machte Höffner (geboren 1906) eine steile Wissenschaftler-karriere. Er erwarb vier Doktortitel und wurde 1951 Professor an der Universität Münster sowie Leiter des Instituts für christliche Sozial-wissenschaften. Er war ein gefragter Experte für Politik, Gesellschaft und Kirche. 1962 wurde er Bischof von Münster und nahm am Kon-zil teil. Bereits seit 1969 als Koadjutor mit der Leitung des Erzbis-tums Köln betraut, wurde er wenig später Erzbischof und Kardinal. Sozialwissenschaftlich versiert, konnte er die Lebenssituation der Menschen sehr gut verstehen. Das prädestinierte ihn für höchste Aufgaben im deutschen Episkopat und in der Weltkirche. Stets gestaltend wirkte er bei römischen Bischofssynoden. Er war Mitglied mehrerer römischer Kongregationen und erfolgreicher Berater des Heiligen Stuhls in organisatorischen und wirtschaftlichen Fragen. 1976 wurde er als Nachfolger Döpfners Vorsitzender der Deutschen Bischöfe und bald zur Führungspersönlichkeit im Episkopat. Sein Ansatzpunkt, über spezielle kirchliche Interessen hinaus, war das Gemeinwohl. Die Kirche konnte er besonders in strittigen gesell-schaftspolitischen Fragen und bei kirchlichen Auseinandersetzun-gen (zum Beispiel § 218) eindeutig positionieren. Höffner war schon 1980 persönlich gegen jede Nutzung der Kernenergie. Markant war seine Rolle bei der Aussöhnung mit dem polnischen Volk und dem Besuch der polni-schen Bischöfe 1978 in Fulda und Köln – ein Ereignis wohl mit Wirkung bis ins kurz danach stattfindende Kon-klave mit der Papstwahl des Krakauer Erzbischofs Wojtyla.

Höffner, der zehn Jahre lang bescheiden das Haus mit seinem noch lebenden Vorgänger teilte, erreichte in Köln nicht die Popularität von Kardinal Frings, wurde aber zunehmend geachtet und geschätzt. Er hatte eine ausgleichende Persönlichkeit mit großer Sensibi-lität für alle menschlichen Fragen. Zugleich waren ihm Nüchternheit und Klarheit des erfolgreichen Wissen-schaftlers in Gedankenführung und Sprache eigen. Wegen eines unheilbaren Hirntumors bot Höffner dem Papst 1987 den Amtsverzicht an, der zum 14. September 1987 angenommen wurde. Bereits im August hatte er den Bischofskonferenzvorsitz nieder-gelegt. Er starb am 16. Oktober 1987 in Köln.

Im Gespräch *mit dem WDR-Journalisten Werner Höfer, 1984*

2003 erklärte die Gedenkstätte Yad Vashem in Israel Joseph Höffner und seine Schwester Helene zu »Gerechten unter den Völkern«, weil sie in der NS-Zeit mit hohem Risiko für ihr eigenes Leben jüdischen Menschen das Überleben ermöglicht hatten. Er schützte als Seelsorger in Kail/Mosel ein jüdisches Mädchen aus Berlin, das unter anderem durch ihn überlebte.

Kardinal Höffner *und Papst*
Paul VI.

BEGINN DER AMTSZEIT ERZBISCHOF HÖFFNERS

Der neue Erzbischof hatte bereits in Münster Erfahrung mit der schwierigen Umsetzung der Konzilsbeschlüsse und brachte nun auch im Erzbistum die Durchführung kirchlicher Reformen voran.

Ein Ausdruck der Krise waren der gerade um 1968/71 nun deutlicher zurückgehende Kirchenbesuch und erschreckende Kirchenaustrittszahlen bei allerdings noch hohen Mitgliederzahlen.

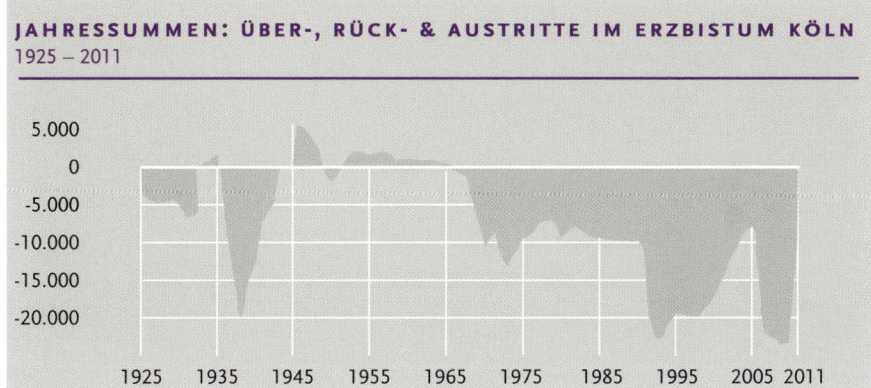

JAHRESSUMMEN: ÜBER-, RÜCK- & AUSTRITTE IM ERZBISTUM KÖLN
1925 – 2011

Die Ursachen sind vielschichtig und hängen mit der gesamtgesellschaftlichen Entwicklung zusammen. Das gewachsene katholische Wertemilieu, das sich über 100 Jahre lang in Krisen bewährt hatte, hatte nun – ebenso wie andere vergleichbare Großgruppen in der Gesellschaft – nach und nach seine volle Bindekraft verloren. Säulen wie etwa die Familie oder die (katholische) Volksschule als Nährboden für die Pfarreien verloren an Tragkraft. Einem schleichenden Wandel war auch das Priesterbild unterworfen.

Die Forschung darüber ist noch im Gange, welche Entwicklungen das Konzil wirklich hervorgerufen, welche es lediglich beschleunigt oder gar nicht nennenswert beeinflusst, – bzw. welche es gebremst hat. Es ist aber offensichtlich, dass durch das Konzil, dem ausgerechnet eine auch gesellschaftlich höchst bewegte Zeit folgte, viele eigentlich längerfristige Entwicklungen gebündelt und beschleunigt wurden. Höffner hatte, wie nur wenige Kirchenverantwortliche damals, diese tieferen Ursachen der nachkonziliaren Krise klar und sachlich gesehen. Als Sozialwissenschaftler war ihm die Analyse des Sozialgefüges Kirche mittels moderner Methoden wie Statistik und Demoskopie vertraut.

Pfarrkirche St. Paulus *in Neuss-Weckhoven, 1966/68 erbaut (Architekt Fritz Schaller)*

Pfarrer bzw. Dechant mit seinen drei Kaplänen, 1939 – *vier hauptamtliche Pfarrseelsorger waren in der Bad Godesberger Pfarrei St. Marien erforderlich wegen der starken Beteiligung der ca. 7.000 Katholiken am kirchlichen Leben.*

Priester, Pfarrer, Seelsorger

Die Priester waren seit dem 19. Jahrhundert eng an den Bischof gebunden und besaßen eine akademische Ausbildung, in der Regel an der Universität Bonn; eine Qualifizierung, auf die der Staat Wert legte. Das bestärkte die Eliterolle des Pfarrers am Ort, die er zusammen mit dem Bürgermeister und dem Lehrer inne hatte. Er engagierte sich oft nebenher in der Politik oder arbeitete wissenschaftlich. Mit steigendem Bildungsstand verpachteten die Pastöre die meisten ihrer Pfarrgüter. Da sie fast immer bis ins hohe Alter im Amt blieben, wurden im Krankheitsfall Selbsthilfe und Anstellung eines Hilfsgeistlichen aus eigener Tasche ein wirtschaftliches Problem. Seit 1882 gab es in Nordwestdeutschland einen überdiözesanen Priesterverein zugunsten Kranker, seit 1905 bestand der »Pax-Verein von katholischen Priestern Deutschlands« in Köln, der seit 1909 unter dem Protektorat des Kölner Erzbischofs stand; 1917 entstand in dem Zusammenhang auch eine Bank, die heutige Pax-Bank.

Statt der Vorstellung vom Priester als »Heilsvermittler« gewann mit der »Sozialen Frage«, verändertem Gemeindeverständnis und Liturgischer Bewegung seit den 1920er-Jahren die pastorale Tätigkeit besonderes Gewicht. Das Priesterbild wandelte sich nach und nach vom distanziert-ehrfürchtig geachteten geweihten Mann zum pastoralen Arbeiter im Weinberg des Herrn. Gleichzeitig stiegen die öffentlichen Erwartungen an sein Engagement und seine menschliche Vorbildfunktion. Gerade in der Aufbruchzeit nach 1945 erwachte Laienkritik an stark standesbewussten, sakral überhöhten oder »barock«-lebensfrohen Priestertypen. Aus jeglicher Parteipolitik war der Klerus durch das Reichskonkordat 1933 verbannt worden, doch gab es seit den 1950er-Jahren breite Kritik an »klerikalistischer« Einmischung etwa in Fragen der Politik, Schule oder Ehescheidung. Hier kündigen sich schon tiefe gesellschaftliche Wandlungen an. Die Veränderungen des Priesterbildes verunsicherten den Klerus. Mit der gesellschaftlichen Dynamik des Konzils und besonders mit weitreichenden Forderungen aus den Niederlanden entbrannte die öffentliche Diskussion um den Zölibat. Der Pflichtzölibat und die Weihe verheirateter sogenannter »viri probati« wurden zum Dauerthema. Der Seelsorgepriester bekam eine neue Rolle, positiv geprägt vom Kirchen- und Gemeindeverständnis des Konzils. Im Kontrast dazu standen und stehen aber wegen des Priestermangels und erhöhten Altersdurchschnitts der Priester zunehmend die wachsenden Anforderungen vor Ort.

DAS ERZBISTUM SEIT DER MITTE DER 1970ER-JAHRE

MARKANTE ENTWICKLUNGEN UND EREIGNISSE DER NACHKONZILSZEIT SEIT 1975

Mit der Umsetzung der Ergebnisse des Konzils begann um 1975 die nähere Vergangenheit. Damals endete die Würzburger Synode, die sich der Umsetzung der Konzilsbeschlüsse widmete, und in Köln wurde der bisherige Sekretär Höffners, Norbert Feldhoff (geboren 1939), Generalvikar. Einer abgewogenen historischen Beurteilung entzieht sich diese junge Zeit zwangsläufig noch. Einige Ereignisse und Veränderungen lassen sich aber benennen.

Die Seelsorge stellte und stellt sich dem verstärkt spürbaren Wandel: Die Gesellschaft insgesamt, und mit ihr viele Christen, strebten (und streben) eher nach sozialer Harmonie und Tolerierung individueller Verhaltensweisen. In dieser pluralen Umwelt wurde Religion zunehmend privat, Religiosität diffuser. Lehramtliche Definitionen von Glaubenssätzen oder moralische Wert- und Verhaltensnormen empfand man seit den 1970er-Jahren vermehrt als Einmischung in den subjektiven Glaubensvollzug bzw. kritisierte sie öffentlich. Bedeutendstes Beispiel dafür war sicherlich die anhaltende Diskussion um die Enzyklika »Humanae vitae« (1968), deren Festhalten am Verbot der künstlichen Empfängnisverhütung von vielen Katholiken nicht mehr akzeptiert und mitvollzogen wurde. Begleiterscheinung des allgemeinen Wandels ist auch der

Norbert Feldhoff, *Generalvikar von 1975 bis 2004, dann Dompropst*

Ferula (Kreuzstab) des Papstes: *Johannes Paul II. schenkte 1987 diesen Stab, den er zuvor bei der Feier der Seligsprechung von Edith Stein in Köln verwendet hatte, Kardinal Höffner.*

Kardinal Höffner *auf den Philippinen bei der Einweihung von Radio Veritas, 1986*

spürbare Rückgang von Kenntnissen christlicher Glaubensinhalte und Symbolik. Gebete, Andachten, Festbräuche, Prozessionen kamen aus der Übung. Abhanden kam vielfach auch das durch Jahrtausende gewachsene selbstverständliche Empfinden für die sakrale Sphäre, die Würde der Geweihten, die Kraft des Heiligen, sogar die Relevanz des Religiösen überhaupt. Doch wuchs weithin das Bewusstsein für den Anspruch des eigenen Gewissens.

Die stärkere Einbindung der Laien in die Verantwortung kirchlicher Aufgaben in Bistumsverwaltung und Pfarreien war eine Folge des Konzils. Die 1968 vielerorts erstmals gewählten Pfarrgemeinderäte wurden rasch selbstverständlich; mit zunehmendem Priestermangel stieg ihre praktische Bedeutung. Die schon seit den 1920er-Jahren bisweilen geforderte Beteiligung von Laien am Apostolat ist heute nicht mehr wegzudenken. Laien als Katecheten, Kommunionhelfer/innen und Lektorinnen und Lektoren – ein Ergebnis der Liturgiereform des Konzils – wurden faktische Normalität. In Arbeitskreisen, Initiativen, kirchlicher Vereinsarbeit, Caritas, bei der Herausgabe von Pfarrbriefen usw. zeigte sich weithin lebendiges Gemeindeleben, das auch gerade vom Ehrenamt lebt. Vereine und Katholische Jugend engagierten sich zahlreich, die Jugend zum Beispiel für die Menschen in der »Dritten Welt«.

Die Rolle der Jugend und ihrer Musik, die große Zahl der Kinder- und Jugend-chöre, die gewachsene Akzeptanz der Neuen Geistlichen Lieder belebten Kirchen-musik und Gemeindegottesdienste.

Auch dank vorhandener Finanzmittel konnte das Erzbistum Markantes leisten. Investiert wurde in Aufgaben und Einrichtungen, etwa im Schul- und Kindergarten-bereich, in Caritaseinrichtungen – nun kaum noch mit Ordenskräften –, in die Über-nahme von (allein seit 1975 elf) Ordensschulen, in die Bildungswerke, in die Erwach-senenbildung, zum Beispiel das Kölner Maternushaus (1983), in das Begegnungs-und Informationszentrum »Domforum« im Herzen Kölns (1995 eröffnet), in den Me-diensektor, etwa das Domradio (seit 2000), oder in das Diözesanmuseum Kolumba (2007), aber auch in den Unterhalt der (oft denkmalgeschützten) Kirchengebäude. Wandel zeigte sich in völlig neuen Aufgaben und Perspektiven: Mutter-Kind-Gruppen, Obdachlosenhilfe, Aidshilfe, Hospize, aber auch Teilumwandlung von bestehenden sowie Um-nutzung von nicht mehr benötigten (Kirchen-) Bauten. Vielfältige Hilfen stellte das Erzbistum permanent für die Weltkirche und die Diaspora bereit, für nachhaltige Projekte und zur Unter-stützung der Seelsorger in finanziell ärmeren Bistümern. Umgekehrt erfährt man im Erzbis-tum Impulse durch ausländische Priester und Ordensschwestern in Seelsorge und Caritas.

Infolge des anhaltenden Priestermangels konnten bald nicht mehr alle Pfarrstellen be-setzt werden. Ende 1988 mussten 163 von 814

Werbepostkarte *des Kölner Domradios, 2013*

Seelsorgebezirken vom Nachbarpfarrer mit verwaltet werden. Neben dem Diakonat erweiterte die Einführung von pastoralen Mitarbeiterinnen und Mitarbeitern sowie die Aufwertung der Gemeindereferent(inn)en das Spektrum der Seelsorge-Berufe und entlastete die Priester teilweise. Pastoral wäre heute ohne diese Laien nicht mehr denkbar. Obwohl die Zahl der Laien im pastoralen Dienst von rund 100 um 1975 auf 461 im Jahr 1996 stark angestiegen war, konnten sie letztlich die Folgen des zuneh-menden Priestermangels nicht ausgleichen. Somit wurden grundlegende Veränderun-gen der Seelsorgestrukturen unumgänglich. Nachhaltig wirkte die 1989 durch den neuen Erzbischof, Joachim Meisner, erfolgte Zusammenlegung von Dechantenkonfe-renz und Priesterrat zu einem Gremium, weil es die Kommunikation zwischen dem »Senat des Bischofs« (dem Priesterrat) und den einzelnen Dekanaten verbesserte.

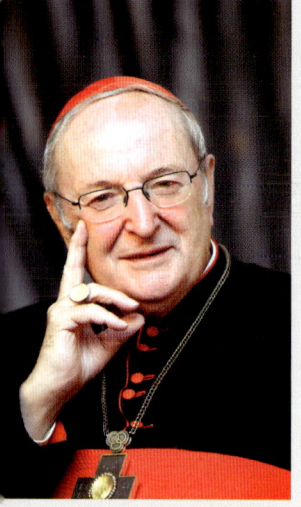

Joachim Kardinal Meisner (seit 1989)

Er kam bereits als Kardinal (seit 1983) nach Köln und war vorher wichtigster Kirchenführer im Bereich der atheistisch regierten DDR. Joachim Meisner hatte den politisch schwierigen Bischofsstuhl von Berlin inne, in einem Bistum, das West und Ost über den »Eisernen Vorhang« hinweg verklammerte. Aus Breslau stammend (geboren 1933), wuchs Meisner nach der Vertreibung mit der Familie in Thüringen auf. In Erfurt wurde er Priester und 1975 dort Weihbischof, bis ihn Papst Johannes Paul II. 1980 nach Berlin berief. 1982 wurde er Vorsitzender der Berliner Bischofskonferenz. Johannes Paul II. wollte 1987 die Transferierung des Berliner Bischofs nach Köln, wobei er, so Meisner, in nahezu prophetischer Weitsicht von der baldigen politischen Wende in Osteuropa (und der DDR) ausging. Ende 1988 erfolgte die Ernennung zum Kölner Erzbischof. Vorausgegangen war eine ungewöhnlich lange und bewegte Vakanzzeit mit weit über Köln hinausreichenden, die Kirche in Deutschland beschäftigenden Schwierigkeiten bei der Kapitelswahl und Bischofsstuhlbesetzung. Im Fokus der harten öffentlichen Kritik, etwa der »Kölner Erklärung« von Theologieprofessoren (1989), stand besonders die Art der Ausübung der päpstlichen Amtsvollmachten.

Kardinal Meisner fand sich möglichst unbeeindruckt von den kirchenpolitischen Vorgängen in das für ihn politisch, gesellschaftlich und zum Teil auch kirchlich neue Umfeld hinein und baute nach dem Amtsantritt (12. Februar 1989) auf die Kompetenz des schon für seinen Vorgänger tätigen Generalvikars Feldhoff. Der Erzbischof brachte seine persönlichen Erfahrungen in einem für Christen weniger begünstigten Umfeld nach Köln mit. Ihm eigen ist der offenherzig-direkte Einsatz als leidenschaftlicher und für viele – weit über Köln hinaus – authentischer Mahner in Fragen des

Kardinal Meisner vor dem Dom *am Tag der deutschen Wiedervereinigung, 3.10.1990*

... mit **Papst** *Benedikt XVI.*

Glaubens und christlicher Grundwerte. Er ruft nicht selten Kritik auf den Plan, wenn er deutlich wird, um sich der christlichen Botschaft willen Gehör zu verschaffen. Auch persönliches Empfinden über Schwächen in der Kirche hält er keineswegs diplomatisch bedeckt. *Zutiefst erschüttert* und *zornig* machten ihn 2010 die – teils schon lange zurückliegenden und bis dato nicht aufgeklärten – Missbrauchsfälle von Priestern. *Beschämend* fand er 2013 die verweigerte medizinische Hilfe für vergewaltigte Frauen durch zwei Kölner Ordenskliniken. Joachim Meisner spielte seit 1990 eine wichtige Rolle beim Zusammenwachsen der Kirche in Ost und West (in Deutschland und Europa). Wie sein Amtsvorgänger ist er als Kardinal stark mit weltkirchlichen Aufgaben betraut. Groß ist seine Bedeutung vor allem für die Kirche in Osteuropa. Das Hilfswerk Renovabis (seit 1993) ist besonders mit seinem Namen verbunden. Zu den Päpsten Johannes Paul II. und Benedikt XVI. hatte er ein äußerst enges Verhältnis. Fünf seiner Kölner Weihbischöfe wurden bereits auf Bischofsstühle berufen.

In den 1990er-Jahren begann die Zusammenfassung der über 800 Einzelpfarreien zu größeren Seelsorgeeinheiten mit dem Ziel der Konzentration der Strukturen und der Entlastung der Verwaltung. Heute gibt es 180 Seelsorgebereiche, von denen knapp die Hälfte inzwischen zu räumlich größeren Pfarreien fusionierten; immerhin 10 Pfarreien haben derzeit mehr als 20.000 Mitglieder. In gut der Hälfte der Seelsorgebereiche gibt es ein Zusammenwirken förmlicher, oft kleiner Pfarreien (manche unter 200 Mitglieder), für die das Gemeindeleben zum Teil in einem neuen pastoralen Zentrum stattfindet. Damit kehrte sich die Entstehung des über 1.000 Jahre lang engmaschiger gewordenen Pfarreiennetzes in kurzer Zeit um. Die Reformen waren eine notwendige Antwort auf die allgemeine Entwicklung. Ihre Umsetzung erfordert Geduld. Verlebendigenden Wirkungen in vielen vor allem verstädterten Gegenden stehen oft Schwierigkeiten im ländlichen Raum gegenüber, wo viele Menschen eine (nicht nur kirchliche) »Entheimatung« verspüren, weil die »Dörfer« ihre gewachsene Sozialstruktur verloren, und man die »Kirche im Dorf« als – jahrhundertealten – kirchlichen und kommunikativen Mittelpunkt vermisst.

BDKJ-Sozialaktion 72-Stunden, *hier in Bergheim: Ein von jungen Menschen für Rollstuhlfahrer auf einem öffentlichen Spielplatz errichtetes Spielgerät wird in einem Gottesdienst der Gemeinde im Grünen eingeweiht, 2013.*

Das territoriale Pfarreiensystem bisheriger Gestalt war nichts Ursprüngliches, dennoch sind die letztlich unumgänglichen Neuerungen für viele schmerzhaft und für alle herausfordernd. Die Zukunft des Glaubens erfordert von den zurzeit gut zwei Millionen Katholiken Mut zum steten Wandel.

Banneraufzug zur Seligsprechung *von Adolph Kolping in Rom, 1991*

Jahrhunderte alte Tradition: *Der jährliche Umzug des Quirinusschreins um das Neusser Münster, hier um 2008*

Im Konkreten bedeutet die Konzentration auch Chance, zum Beispiel für Modernisierung der Gebäude, Professionalisierung der Gremienarbeit und die Verbesserung pfarrlicher Aufgaben. Unverzichtbare Säulen der Pastoral sollen, so der Erzbischof 2007, für jeden Seelsorgebereich sein: lebendige Feier der Liturgie, solide Glaubensverkündigung, missionarische Ausstrahlung der Pfarrgemeinde, Jugend und Familie als pastorale Zielgruppen sowie caritatives Handeln. Dabei braucht es auch ein neues Selbstverständnis der gläubigen Menschen: weniger Angebotsorientierung, mehr aktives Handeln aus lebendigem innerem Antrieb. Es gilt, treue Gemeindemitglieder wieder neu zu erreichen und ältere ehrenamtlich tätige Menschen für ein Engagement in den neuen professionelleren Einheiten zu gewinnen.

In Gesellschaft und Staat konnte die Kirche ihre Anerkennung als Werte vermittelnde Institution trotz kirchenkritischer Tendenzen bis heute behaupten, auch wenn ihre Wirkung in weiten Teilen der Gesellschaft rückläufig ist. In mancher Hinsicht wurde um der eigenen Glaubwürdigkeit willen Abgrenzung notwendig. Vor dem Hintergrund erfolgte 1999 der von vielen nicht verstandene Ausstieg der Bischöfe aus dem System der staatlichen Schwangerschaftskonfliktberatung.

Das seit Jahrhunderten bestehende Zeitalter der sogenannten »Volkskirche«, in der man als Kleinkind selbstverständlich Christ wird, neigt sich nicht zuletzt aufgrund des demografischen Wandels dem Ende zu. Initiativen zur Neuevangelisierung haben daher das Ziel, Menschen (wieder neu) mit der Erfahrung des Glaubens in Berührung zu bringen.

In breitem Maße verunsichernd wirkt vor allem die seit 2010 deutschlandweit zahlreich ans Licht kommende Wahrheit von zu verabscheuenden Fällen sexuellen

Missbrauchs durch Amtspersonen, nicht zuletzt Priester, an jungen Menschen, auch im Erzbistum Köln. Starkes Engagement für Prävention auf allen Ebenen war eine Konsequenz, die die Bistumsleitung aus den Missbräuchen zog.

Bei den Menschen weithin anerkannt ist auch heute der Einsatz der Priester, Diakone, Pastoral- und Gemeindereferentinnen und -referenten am Ort. Sie wirken in vielen Lebensbereichen wie etwa Schule, Hochschule, Krankenhaus, Jugendarbeit, Strafvollzug. Hinzu kamen Versuche, neue Formen der Seelsorge und der Glaubens-förderung zu finden, etwa Passanten- und Cityseelsorge. Die an vielen Orten tätigen neuen geistlichen Gemeinschaften, zum Beispiel der »Neokatechumenale Weg« oder die »Fokular-Bewegung«, wollen – von etablierten Teilen der Kirche bisweilen kritisch gesehen – aus bewusster Beziehung zu Gott den Alltag leben und lebendige Zellen sein, in denen der Glaube weitergetragen wird. Seit 2000 besteht in Bonn-Endenich das Erzbischöfliche Missionarische Priesterseminar für Seminaristen des Neokate-chumenalen Weges. In breitem Maße erreicht die Kirche Menschen auch durch ihre Angebote im Caritasbereich, etwa in Krankenhäusern, Erziehungsberatungsstellen, Diensten für Suchtkranke, für psychisch Belastete. Auch für Frauen in Not- und Kon-fliktsituationen, für von Armut Betroffene, für Behinderte, Familien, Alleinerziehende, Migranten setzt sich die Kölner Kirche ein. Immer mehr Menschen suchen in Lebens-fragen, Konfliktsituationen und seelischen Nöten Rat und Hilfe auch bei den Kirchen.

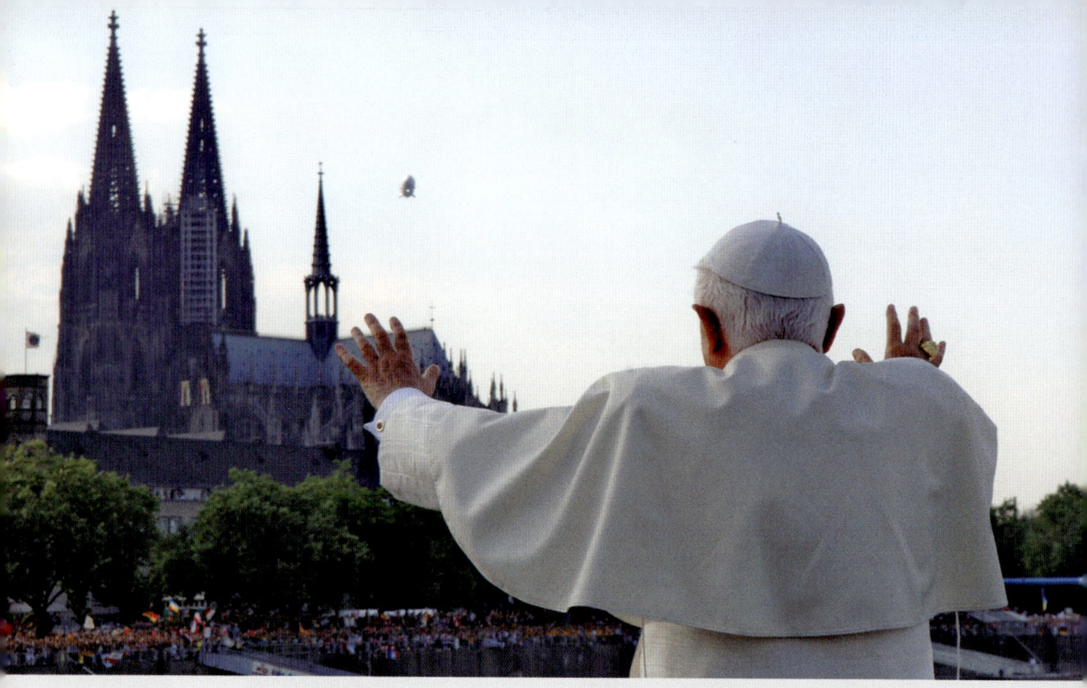

Weltjugendtag

Der Weltjugendtag führte im August 2005 über eine Million junge Menschen aus fast 200 Ländern und rund 750 Bischöfe in das Erzbistum Köln. Vom kurz zuvor verstorbenen Papst auf Bitten des Erzbischofs einberufen, war er Anlass für den umjubelten *(Benedetto)* Besuch des neuen Papstes Benedikt XVI. in Köln. Das Marienfeld, eine landwirtschaftliche Fläche bei Kerpen, wurde für kurze Zeit zur Kathedrale, ja sozusagen zum Mittelpunkt der katholischen Welt. Die abendliche

Papst Benedikt begrüßt Köln
vom Schiff aus: Weltjugendtag 2005 (oben links) und Impressionen vom Weltjugendtag

Vigilfeier und die Heilige Messe zum Abschluss mit 1,1 Millionen Menschen vor Ort und 250 Millionen weltweit am TV sind unvergessen. Impulse sind schwer zu messen, aber dass 2006 im Erzbistum auffallend weniger Menschen ihre Kirche verließen und ungewöhnlich viele neu oder wieder eintraten, mag auch an der Lebendigkeit liegen, mit der gerade die Jugend ihren Glauben öffentlich zeigte, und an der Hoffnung, die eine »globalisierte« Kirche bewirken kann. 23.000 Freiwillige (Volunteers) aus mehr als 160 Staaten und viele Helfer in zahlreichen Pfarreien im Erzbistum ermöglichten die Feiern. Auf andere Weise bahnbrechend war der Besuch des Papstes in der Kölner Synagoge am 19. August 2005

Taizé-Gebet in Köln, St. Agnes, mit Frère Alois, dem Prior des Gemeinschaft von Taizé, 2012

FESTE DES GLAUBENS

Das Erzbistum Köln erlebte in den vergangenen Jahrzehnten viele große und eindrucksvolle Ereignisse. Da war der mit Begeisterung aufgenommene Deutschlandbesuch des Heiligen Vaters, Johannes Paul II., im November 1980 in Köln mit Gottesdiensten und Ansprachen auf dem Butzweilerhof und im Dom. Beim zweiten Besuch 1987 sprach er im Kölner Stadion die in Auschwitz ermordete Kölner Karmelitin Edith Stein selig; 1998 wurde sie heiliggesprochen. 1991 erfolgte in Rom die Seligsprechung des Gesellenvaters Adolph Kolping. Genannt seien hier auch der von zahlreichen jungen Menschen besuchte deutsche Katholikentag 1982 in Düsseldorf (Motto: *Kehrt um und glaubt – erneuert die Welt*) – der bis heute einzige im Erzbistum seit 1956 –, ferner das Kölner Domfest 1980 (100 Jahre Vollendung des Doms), das Jahr der wiederhergestellten romanischen Kirchen in Köln 1985 sowie das Domjubiläum 1998 (750 Jahre Grundsteinlegung) und auf ganz eigene Weise zeitweilig alles überstrahlend der Weltjugendtag 2005. 2013 waren Katholiken aus ganz Deutschland in Köln zu Gast beim »Eucharistischen Nationalkongress«, den Kardinal Meisner gegen Ende seiner rund 25-jährigen Amtszeit initiierte.

MEHR ALS 1.700 JAHRE KÖLNER KIRCHE

Mindestens 1.700 Jahre Kölner Kirche zeigen uns: Der Kern der christlichen Botschaft und die Kirche haben feste Kontinuität. Wandel und Weiterentwicklung sind ansonsten das Leitmotiv. Immer hält die Geschichte nicht vorhersehbare Überraschungen bereit.

So findet die Kirche durch die Gnade Gottes ihren Weg durch die Zeiten, bis zur Vollendung der Welt. Es kommt an auf lebendige Weitergabe der Botschaft des Evangeliums in der jeweils richtigen Sprache. In einer weniger christlich geprägten Gesellschaft haben die Menschen ihre oft bohrenden Fragen auf der Suche nach einem sinnerfüllten Leben. Für die Kirche gilt es, Antwort zu geben. Mit der fortschreitenden realen oder gefühlten »Entgrenzung« unserer Lebenswelten werden Christen und Christinnen im Erzbistum Köln, wohl stärker als das ihnen bisher bewusst war, Teil der die Völker umspannenden multikulturellen Welt-Kirche.

Ausleuchtung des Domes *beim nationalen Eucharistischen Kongress 2013*

Ausgewählte Literatur

Quellensammlungen, allgemeine und übergreifende Darstellungen

Die Regesten der Erzbischöfe von Köln im Mittelalter, 313–1414, bearb. von Norbert Andernach, Wilhelm Janssen, Friedrich Richard Knipping, Wilhelm Kisky, Wilhelm Oediger (Publikationen der Gesellschaft für Rheinische Geschichtskunde 21), 12 Bde., Bonn/Düsseldorf 1901–2001.
Geschichte des Erzbistums Köln, Bd. 1: Friedrich Wilhelm Oediger: Das Bistum Köln von den Anfängen bis zum Ende des 12. Jahrhunderts, Köln ³1991; **Bd. 2: Wilhelm Janssen:** Das Erzbistum Köln im späten Mittelalter (1191–1515), 2 Teilbände, Köln 1995, 2003; **Bd. 3: Hansgeorg Molitor:** Das Erzbistum Köln im Zeitalter der Glaubenskämpfe (1515–1688), Köln 2008; **Bd. 4: Eduard Hegel:** Das Erzbistum Köln zwischen Barock und Aufklärung. Vom Pfälzischen Krieg bis zum Ende der französischen Zeit (1688–1815), Köln 1979; **Bd. 5: Eduard Hegel:** Das Erzbistum Köln zwischen der Restauration der 19. Jahrhunderts und der Restauration des 20. Jahrhunderts (1815–1962), Köln 1987.
Das Erzbistum Köln, Heft 1: Toni Diederich: Von den Anfängen in der Römerzeit bis zum Ende des hohen Mittelalters, Kehl 1994; **Heft 2: Wilhelm Janssen:** Vom Spätmittelalter bis zum Kölnischen Krieg, Kehl 1995; **Heft 3: Wolfgang Herborn:** Vom Barockzeitalter bis zum Ende des alten Erzbistums, Kehl 1996; **Heft 4: Toni Diederich, Norbert Trippen, Wolfgang Herborn,** Das 19. Jahrhundert, Kehl 1997; **Heft 5: Ulrich Helbach:** Das 20. Jahrhundert, Kehl 1998.
Wilhelm Janssen: Kleine Rheinische Geschichte, Düsseldorf 1997.
Christen am Rhein. Zeugnisse kölnischer Kirchengeschichte aus zwei Jahrtausenden. Ausstellung des Historischen Archivs des Erzbistums Köln anlässlich des Heiligen Jahres 2000 in der Erzb. Diözesan- und Dombibliothek zu Köln, Begleitheft, hg. von Toni Diederich, Ulrich Helbach, Joachim Oepen, Köln 2000; siehe auch www.christen-am-rhein.de.
Der Bischof in seiner Zeit. Bischofstypus und Bischofsideal im Spiegel der Kölner Kirche. Festgabe für Joseph Kardinal Höffner, Erzbischof von Köln, hg. von Peter Berglar und Odilo Engels, Köln 1986.
Zwei Jahrtausende Geschichte der Kirche am Niederrhein, hg. von Heinrich Janssen und Udo Grote, Münster 1998.

Weitere Darstellungen und Sammelbände in Auswahl

Ulrich Back, Thomas Höltken, Dorothea Hochkirchen: **Der Alte Dom zu Köln.** Befunde und Funde zur vorgotischen Kathedrale (Studien zum Kölner Dom 12), Köln 2012.
Thomas Becker: **Konfessionalisierung in Kurköln.** Untersuchungen zur Durchsetzung der katholischen Reform in den Dekanaten Ahrgau und Bonn anhand von Visitationsprotokollen 1583–1761 (Veröffentlichungen des Stadtarchivs Bonn 43), Bonn 1989.
Karl Josef Bollenbeck (Bearb.): **Neue Kirchen im Erzbistum Köln 1955–1995,** 2 Bde., Brühl 1995.
Burkhard Dietz, Stefan Ehrenpreis (Hg.): **Drei Konfessionen in einer Region.** Beiträge zur Geschichte der Konfessionalisierung im Herzogtum Berg vom 16. bis zum 18. Jahrhundert (Schriftenreihe des Vereins für Rheinische Kirchengeschichte 136), Köln 1999.
Wilfried Evertz: **Seelsorge im Erzbistum Köln zwischen Aufklärung und Restauration** 1825–1835 (Bonner Beiträge zur Kirchengeschichte 20), Köln u.a. 1993.
Erwin Gatz (Hg.): **Geschichte des kirchlichen Lebens in den deutschsprachigen Ländern seit dem Ende des 18. Jahrhundert,** 8 Bde., Freiburg u.a. 1991–2008, u.a. Bd. 1: Die Bistümer und ihre Pfarreien, Freiburg u.a. 1991; Bd. 4: Der Diözesanklerus, Freiburg u.a. 1995; Bd. 5: Caritas und soziale Dienste, Freiburg u.a. 1997.
Manfred Groten, Georg Mölich, Gisela Muschiol, Joachim Oepen (Hg.): **Nordrheinisches Klosterbuch.** Lexikon der Stifte und Klöster bis 1815 (Studien zur Kölner Kirchengeschichte 37), bisher erschienen Bd. 1 (Aachen bis Düren), Siegburg 2009, Bd. 2 (Düsseldorf bis Kleve) Siegburg 2013.
Ulrich von Hehl: **Katholische Kirche und Nationalsozialismus im Erzbistum Köln** 1933–1945 (Veröffentlichungen der Kommission für Zeitgeschichte Reihe B, 23), Mainz 1977.
Ulrich von Hehl u.a. (Bearb.): **Priester unter Hitlers Terror.** Eine biographische und statistische Erhebung, 2 Teile (Veröffentlichungen der Kommission für Zeitgeschichte Reihe A, 37), Paderborn u.a. ³1996.
Wolfgang Heilbronn: **Die politische Geschichte der Erzdiözese Köln von 1918 bis 1933,** Aachen 1997.
Georg Mölich, Joachim Oepen, Wolfgang Rosen (Hg.): **Klosterkultur und Säkularisation im Rheinland,** Essen ²2002.
Helmut Moll: Zeugen für Christus. **Das deutsche Martyrologium des 20. Jahrhunderts,** 2 Bde., Paderborn u.a. ⁵2010.
Sebastian Ristow: **Frühes Christentum im Rheinland.** Die Zeugnisse der archäologischen und historischen Quellen an Rhein, Maas und Mosel (Jahrbuch 2006 des Rheinischen Vereins für Denkmalpflege und Landschaftsschutz), Köln/Münster 2007.
Volker Speth: Katholische Aufklärung, Volksfrömmigkeit und »Religionspolicey«. **Das rheinische Wallfahrtswesen von 1816 bis 1826** und die Entstehungsgeschichte des Wallfahrtsverbots von 1826. Ein Beitrag zur aufklärerischen Volksfrömmigkeitsreform (Europäische Wallfahrtsstudien 5), Frankfurt am Main u.a. 2008.
Volker Speth: Katholische Aufklärung und Ultramontanismus, Religionspolizey und Kultfreiheit, Volkseigensinn und Volksfrömmigkeitsformierung. **Das rheinische Wallfahrtswesen von 1826 bis 1870** (Europäische Wallfahrtsstudien 7–9), 3 Bde., Frankfurt u.a. 2010–2012.
Monika Storm: **Die Metropolitangewalt der Kölner Erzbischöfe im Mittelalter** bis zu Dietrich von Moers (Studien zur Kölner Kirchengeschichte 29), Siegburg 1995.
Norbert Trippen: **Josef Kardinal Frings** (1887–1978), Bd. 1: Sein Wirken für das Erzbistum Köln und für die Kirche in Deutschland, Bd. 2: Sein Wirken für die Weltkirche und seine letzten Bischofsjahre (Veröffentlichungen der Kommission für Zeitgeschichte, Reihe B, 94, 104), Paderborn u.a. 2003, 2005.
Norbert Trippen: **Joseph Kardinal Höffner** (1906–1987), Bd. 1: Lebensweg und Wirken als christlicher Sozialwissenschaftler bis 1962, Bd. 2: Seine bischöflichen Jahre 1962–1987 (Veröffentlichungen der Kommission für Zeitgeschichte, Reihe B, 115, 122), Paderborn u.a. 2009, 2012.
Frank Günter Zehnder, Werner Schäfke (Hg.): **Der Riss im Himmel.** Clemens August und seine Epoche, 8 Bde., Köln 1999–2000, u.a. Bd. 2: Im Wechselspiel der Kräfte. Politische Entwicklungen des 17. und 18. Jahrhunderts in Kurköln, hg. von Frank Günter Zehnder, Köln 1999; Bd. 4: Hirt und Herde, Religiosität und Frömmigkeit im Rheinland des 18. Jahrhunderts, hg. Frank Günter Zehnder, Köln 2000.

Autoren und Verlag haben sich bemüht, alle Rechteinhaber ausfindig zu machen. In Fällen, wo dies nicht gelungen ist, bitten wir um Nachricht an den Verlag.

Bildnachweis

Abtei St. Hildegard, Rüdesheim: 59 oben; **Archiv der Gemeinde St. Suitbertus Kaiserswerth:** 34; **Archiv des Jugendhauses Düsseldorf e.V.:** 148, 163 unten, 164 unten, 168 (Foto: Hartmut Vogler, Dortmund); **Bachem Archiv, Köln:** 25, 105 links, 138 unten; **Bibliothèque Royale Albert Ier, Brüssel:** 46 unten, 50 unten; **bpk / Staatsbibliothek zu Berlin:** 16; **Robert Boecker, Köln:** Titelabbildung, 28, 35, 40, 44, 52 oben, 58/59 unten, 66, 67 (beide), 72, 77 oben links, 77 unten, 89 oben, 139, 180 oben, 180 unten, 181, 182 rechts, 184 mitte (Foto), 185 (beide), 187, Umschlagrückseite; **Markus Bollen:** 80 unten; **Georg Bungarten, Köln:** 129 unten (Entwurf: Ulrich Helbach), 149 (Entwurf: Ulrich Helbach), 165 (Entwurf: Ulrich Helbach), 173 mitte (Entwurf: Ulrich Helbach); **cartomedia Angelika Solibieda, Karlsruhe:** 18 (Vorlage: Sebastian Ristow, in: Erwin Gatz (Hg.): Atlas zur Kirche in Geschichte und Gegenwart, Regensburg 2009, S. 33), 31 (Vorlage: Toni Diederich u. a. (Bearb.): Christen am Rhein. Zeugnisse kölnischer Kirchengeschichte aus zwei Jahrtausenden, Köln 2000, S. 18; Erwin Gatz u. a. (Hg.): 1700 Jahre Christentum in Nordrhein-Westfalen. Ein Atlas zur Kirchengeschichte, Regensburg 2013, S. 39), 54 (Entwurf: Joachim Oepen), 68 (Vorlage: Wolfgang Rosen, in: 1700 Jahre Christentum in Nordrhein-Westfalen. Ein Atlas zur Kirchengeschichte, Regensburg 2013, S. 30), 96 (Vorlage: Irmgard Hantsche: Atlas zur Geschichte des Niederrheins, Bottrop/Essen 200, S. 79) 104 (Vorlage: Klaus Friedrich: Marc Antoine Berdolet (1740 bis 1809),

Bischof von Colmar, erster Bischof von Aachen, Mönchengladbach 1973), 107 (Entwurf: Joachim Oepen), 112 (Entwurf: Ulrich Helbach), 114 (Vorlage: Irmgard Hantsche: Atlas zur Geschichte des Niederrheins, Bottrop/Essen 200, S. 161), 145 unten (Entwurf: Ulrich Helbach), vorderer Vorsatz (Vorlage: Friedrich Wilhelm Oediger: Der liber valoris, Bonn 1967), hinterer Vorsatz (Vorlage: Erzbistum Köln); **Collegium Albertinum, Bonn:** 140 unten; **J. H. Darchinger/ Friedrich-Ebert-Stiftung, Bonn:** 172 oben; **Christian Diehl, Dortmund:** 65; **Dombauarchiv Köln:** 9, 13, 19, 20, 29 oben, 39, 43 unten, 48, 55, 85 mitte = © Dombauarchiv Köln, Matz und Schenk, 98 unten, 120, 121, 123, 124 links, 132, 134 mitte, 136 unten (alle); **Domkapitel Aachen:** 103 ©: Domkapitel Aachen, Foto: Pit Siebigs; domradio.de: 179 (Grafik: Sandra Langel, 2013); **Hans Georg Esch, Hennef:** 22 rechts, 37, 146 links, 166 rechts; **Erzbischöfliche Diözesan- und Dombibliothek, Köln:** 29 unten, 30, 32, 80, 85 unten rechts; **Erzbistum Köln:** 184 mitte (Logo); **Wilhelm Gerdemann/Winfried Heinrich, Christenkreuz oder Hakenkreuz? Tatsachen ..., Köln 1931:** 150 (Foto: Mayer), 152 oben; **Germanisches Nationalmuseum, Nürnberg:** 82, 83; **Prof. Dr. Klaus Grewe, Swisttal-Morenhoven:** 14; **Historisches Archiv der Stadt Köln:** 27; **Historisches Archiv des Erzbistums Köln:** 3, 4 (Foto: RBA, Wolfgang F. Meier), 5 (beide), 6/7, 21 (Zeichnung: Otmar Schwab), 36, 52 unten, 57, 58 oben, 60 unten, 62, 63 oben, 64, 65, 69 oben, 70 (Foto: Walter Klein, Düsseldorf), 73, 78 oben, 81, 85 oben, 88 (Foto: Walter Klein, Düsseldorf), 89 unten (Foto: Walter Klein, Düsseldorf), 91, 94 unten, 97, 101 (Foto: Helmut Buchen), 108, 115 oben, 115 unten (Foto: Beate Schwietz), 116, 117 (Foto: Walter Klein, Düsseldorf), 119, 128 oben (Foto: Wolfgang Schmitz), 133, 134 unten, 137, 141 (beide), 143,

144 (beide), 145 oben, 146 rechts, 147, 153, 154 (beide), 155 (beide), 158 (beide), 159 unten (Foto: PEK/Christoph Heckeley), 160 oben hinterlegt, 160 unten, 161, 162 oben, 163 oben, 164 oben (Foto: Lambertin, Köln), 167 oben (Foto: Wolfgang Schmitz), 167 unten, 169, 170 unten, 171 (alle), 172 unten (Foto: Pater Hermann-Josef Burbach MSF), 173 oben (Pontificia Fotografia Felici, Rom), 174 (Foto: Walter Klein, Düsseldorf), 176 (Foto: PEK/ Beatrice Tomasetti), 177 (Foto: Hartmut Vogler, Ratingen), 178, 180 mitte (Foto: Dieter Winkler, Pulheim), 183, 184 unten (Foto: PEK), 186 (Foto: PEK); **Roman Hövel, Kall:** 50 oben; **Willy Horsch:** 86; **Ansgar S. Klein, Bonn:** 46 oben; **Klaus Kinold, München:** 166 links; **KNA-Bildarchiv, Bonn:** 170 oben, 184 oben; **Reiner Dieckhoff u. a.: Köln-Archiv, Braunschweig:** 58 unten links; **Kölner Gymnasial- und Stiftungsfonds:** 79; **Kolpingwerk Deutschland, Dokumentationsstelle Kolping:** 128 unten, 162 unten, 182 links (Foto: Slominski); **Kolumba, Köln:** 42 oben, 43 oben; **Celia Körber-Leupold, Erftstadt:** 22 links, 75; **Landeshauptarchiv Koblenz:** 42 unten, 49 oben, 51; **LVR-Amt für Denkmalpflege, Abtei Brauweiler:** 146 mitte (Foto: Ulrich Kahle), 160 mitte (Foto: Silvia-Margrit Wolf); **LVR-LandesMuseum, Bonn:** 12 unten (Foto: Axel Thünker), 15, 24 unten, 26 (Foto: Jürgen Vogel); **Museum Kurhaus Kleve:** 74 (Sammlung Robert Angerhausen, Inv.-Nr. SAK 1205; Foto Annegret Gossens, Kleve); **NS-Dokumentationszentrum der Stadt Köln:** 156 mitte; **Pfarrarchiv St. Lambertus, Düsseldorf:** 140 oben; **Pfarrei St. Gertrud, Düsseldorf-Eller:** 157; **Pfarrgemeinde St. Severin, Köln:** 24 oben; **Privatbesitz:** 87, 122, 136 unten (aus: Simplicissimus 1914);

Provinzarchiv der Schwestern vom armen Kinde Jesus, Aachen: 129 oben (Foto: Hartmut Savelsbergh, Aachen); **Peter Csaba Rakoczy, Köln:** 49 unten, 71 links; **Rheinisches Bildarchiv Köln:** 10, 11, 12 oben, 41, 45 oben, 53, 60 oben, 61, 63 unten, 69 unten, 76, 78 unten, 84 oben; 85 unten links; 94 oben, 100, 102, 109, 124 rechts, 125 (beide), 126, 135; **Klaus Ring, Blankenheim:** 98 oben; **Dr. Joachim Oepen, Köln:** 77 oben rechts; **Karl Ruhrberg u.a.: Georg Meistermann. Die Kirchenfenster, Freiburg u.a. 1986:** 152 unten; **Sailko:** 92; **hans peter schaefer, Köln:** 71 rechts; **Schafgans DGPh, Bonn:** vordere Klappe (Porträt Helbach) © Schafgans DGPh; **Dr. Monika Schmelzer:** 159 oben; **Stadt Siegburg:** 45 unten; **Stadtarchiv Bonn:** 99, 111, 113, 118 (alle Graphische Sammlung), 130 (Postkartensammlung), 131 (Foto: Georg Heumann), 138 oben (Postkartensammlung), 151 (Foto: Georg Heumann), 156 unten, 175 (Foto: Georg Heumann); **Stadtmuseum Siegburg:** © 105 rechts; **Stadtmuseum Simeonstift Trier:** 127; **StiftsMuseum Xanten:** 23; **Stiftung Museum Kunstpalast Düsseldorf/ARTOTHEK:** 106; **Thomas-Morus-Akademie, Bensberg:** 84 unten = © Thomas-Morus-Akademie, Bensberg (Foto: Hans-Georg Schruhl, Gummersbach); **The Trustees oft The British Museum, London:** 17; **Rolf Zimmermann, Köln:** 47.

Maternus, Hl., 313–314
Euphrates, 342/343–346
Severin, Hl., 397
Carentius, 565–567
Evergisil, Hl., 590
Solatius, 614
Sunnoveus, Amtsdaten unbekannt
Remedius, vor 627
Kunibert, Hl., vor 627–nach 648
Botandus (Botadus), nach 648–ca. 690
Stephan, ca. 690–692/94
Giso (Gislo), ca. 692/694–ca. 711
Anno I., 711–ca. 715
Faramundus, 711/16–ca. 723
Alduin, 721/723–ca. 737
Reginfried, ca. 737–743/745
Agilolf, 746/747–nach 748
Hildegar, –753
Berthelm, 762
Ricolf, 768–777/782
Hildebold, 784/787–818
Hadebald, 819–841
Liutbert, 842
Hilduin, 842–848/849
Gunthar, 850–863
Willibert, 870–889
Hermann I., 889/890–924
Wichfried 924–953
Brun I., Hl., 953–965
Folkmar, 965/966–969
Gero, 969–976
Warin, 976–985
Everger, 985–999
Heribert, Hl., 999–1021
Pilgrim, 1021–1036
Hermann II., 1036–1056
Anno II., Hl., 1056–1075
Hildolf, 1076–1078
Sigewin, 1078/79–1089
Hermann III. von Hochstaden 1089–1099
Friedrich I. von Schwarzenburg, 1100–1131
Bruno II. von Berg, 1131–1137
Hugo von Sponheim, 1137
Arnold I., 1137–1151
Arnold II. von Wied, 1151–1156
Friedrich II. von Berg, 1156–1158
Reinald von Dassel, 1159–1167
Philipp I. von Heinsberg, 1167–1191

Bruno III. von Berg, 1191–1193
Adolf I. von Altena, 1193–1205, 1212–1216
Bruno IV. von Sayn, 1205–1208
Dietrich I. von Hengebach, 1208–1212 (1216)
Engelbert I. von Berg, Hl., 1216–1225
Heinrich I. von Müllenark, 1225–1238
Konrad von Hochstaden, 1238–1261
Engelbert II. von Valkenburg, 1261–1274
Siegfried von Westerburg, 1275–1297
Wikbold von Holte, 1297–1304
Heinrich II. von Virneburg, 1304/06–1332
Walram von Jülich, 1332–1349
Wilhelm von Gennep, 1349–1362
Adolf II. von der Mark, 1363–1364
Engelbert III. von der Mark, 1364–1368
Friedrich III. von Saarwerden, 1370–1414
Dietrich II. von Moers, 1414–1463
Ruprecht von der Pfalz, 1463–1478
Hermann IV. von Hessen, 1480–1508
Philipp II. von Daun, 1508–1515
Hermann V. von Wied, 1515–1547
Adolf III. von Schaumburg, 1547–1556
Anton von Schaumburg, 1556–1558
Johann Gebhard von Mansfeld, 1558–1562
Friedrich IV. von Wied, 1562–1567
Salentin von Isenburg, 1567–1577
Gebhard Truchseß von Waldburg, 1577–1583
Ernst von Bayern, 1583–1612
Ferdinand von Bayern, 1612–1650
Maximilian Heinrich von Bayern, 1650–1688
Joseph Clemens von Bayern, 1688–1723
Clemens August von Bayern, 1723–1761
Maximilian Friedrich von Königsegg–Rothfels,
    1761–1784
Maximilian Franz von Österreich, 1784–1801
Ferdinand August Graf Spiegel, 1825–1835
Clemens August Droste zu Vischering, 1836–1845
Johannes von Geissel, 1842/45–1864
Paulus Melchers, 1866–1885
Philipp Krementz, 1885–1899
Hubert Theophil Simar, 1900–1902
Antonius Fischer, 1903–1912
Felix von Hartmann, 1913–1919
Karl Joseph Schulte, 1920–1941
Josef Frings, 1942–1969
Joseph Höffner, 1969–1987
Joachim Meisner, seit 1989

Pax-Correspondenz.

Mitteilungen für die Mitglieder von
„Pax"
Verein von katholischen Priestern Deutschlands. E. V.

Zugleich Propaganda-Blatt für die Ausbreitung und Belebung der Vereins-
bestrebungen unter dem gesamten katholischen Klerus.

Erscheint vierteljährlich.   Garantierte Auflage: 22 000.

Nr. 1.   Erster Jahrgang.   1909.

PAX-BANK, PAX-VEREINIGUNG UND PAX-VERSICHERUNGSDIENST

Gerade in der Zeit der Bevölkerungsexpansion des 19. Jahrhunderts waren die Priester stark gefordert. Fast immer blieben sie bis ins hohe Alter im Amt und mussten im Krankheitsfall für sich selbst aufkommen. Das wurde für viele zum wirtschaftlichen Problem. Wie die Deutschen generell, so gründeten auch Priester in dieser Zeit Vereine.

Gegen finanzielle Sorgen im Krankheitsfall bestand seit 1882 ein Priester-versicherungsverein auf Gegenseitigkeit. 1905 gründete sich der »Pax-Verein von katholischen Priestern Deutschlands e.V.« als Selbsthilfeeinrichtung zur Vermittlung von Versicherungen – vornehmlich zur Optimierung der Beiträge für die Altersver-sorgung. Ab 1906 wurden ebenfalls die Sachversicherungen für die Geistlichen privat und auch für die jeweiligen Kirchen-gemeinden mit angeboten. Später wurde dieser Grundge-danke um weitere Aufgabenstellungen für Geistliche im sozialen Bereich erweitert (Pax-Hilfe, Pax-Erholungsheime, Pax-Grabpflege-dienst). Der Versicherungsbereich besteht heute im Pax-Versicherungsdienst weiter, die Sozialbereiche in der »Pax-Vereinigung katholischer Kleriker«.

1908 nahm man zur Abrundung des Versicherungsgedankens auch die Kran-kenversicherung über den Priesterverein von 1882 als spätere Pax-Krankenkasse mit in den Verbund. Um Anleihen auf die Versicherungsprovisionen zu ermöglichen, brachte man den Bankgedanken ins Spiel, aus dem 1917 die Pax-Bank entstand.

Die überdiözesanen Einrichtungen der Pax wurden durch die Gebietszugehörig-keit unter das Protektorat des Kölner Erzbischofs gestellt. Bald gehörten über ein Drit-tel aller Priester in Deutschland dem Verein an.

Noch heute haben die Pax-Bank, die Pax-Vereinigung katholischer Kleriker und der Pax-Versicherungsdienst in Köln ihren Sitz.